中国旅游研究院◎主编

中国旅游评论

CHINA TOURISM REVIEW

2024 第二辑

生长：市场的力量

Growth: The Forces Shaping the Market

旅游教育出版社
·北京·

《中国旅游评论》编委会

主　　任　　戴　斌
副主任　　宋子千　高炽海
编　　委　　（按姓氏音序排列）
　　　　　　戴　斌　高炽海　何琼峰
　　　　　　李仲广　马仪亮　宋子千
　　　　　　唐晓云　吴丰林　吴　普
　　　　　　杨宏浩　杨劲松

《中国旅游评论》编辑部

主　　编　　戴　斌　高炽海
编辑部主任　　廖钟敏
网络运营　　张　蕾

图书在版编目（CIP）数据

中国旅游评论. 2024. 第二辑 / 中国旅游研究院主编. -- 北京：旅游教育出版社，2024. 7. -- ISBN 978-7-5637-4751-1

Ⅰ. F592.3-53

中国国家版本馆CIP数据核字第2024MB6897号

中国旅游评论：2024 第二辑

中国旅游研究院　主编

责任编辑	何　玲
出版单位	旅游教育出版社
地　　址	北京市朝阳区定福庄南里1号
邮　　编	100024
发行电话	（010）65778403　65728372　65767462（传真）
本社网址	www.tepcb.com
E - mail	tepfx@163.com
排版单位	北京旅教文化传播有限公司
印刷单位	北京中科印刷有限公司
经销单位	新华书店
开　　本	889毫米×1194毫米　1/16
印　　张	6.875
字　　数	97千字
版　　次	2024年7月第1版
印　　次	2024年7月第1次印刷
定　　价	55.00元

（图书如有装订差错请与发行部联系）

致读者

文旅融合能够向纵深发展，文化能够借此不断生长，不仅要靠政府的公共力量，更要依靠市场的力量。

政府可以付出公共资源扶持扶助各类文化遗产遗存的存活，特别是那些难以向市场转化的文化；可以为文化与旅游的融合给出方向指引、路径规划，推动社会走上公共价值与市场价值兼得的道路；可以在重大文化工程上调动国家力量，完成任何单一个人和机构无法完成的伟业……在文旅深度融合和文化生存上，离不开政府的基础作用。

但是，如果没有市场的力量，文化难以生长，文旅深度融合也难以展开。

市场在挖掘遗存，把那些晦涩难懂或者奄奄一息的文化一一解码，变成人民群众读得懂甚至喜闻乐见的文化产品；

市场在创造形式，找到或者创造出普罗大众可以更便利、更低成本亲近文化的形式，让文化繁盛于寻常巷陌；

市场在创新文化，市场不是简单的继承者和翻译者，更是一个时代的书写者。

没有市场的激烈碰撞，哪有新的基因突变而生？

市场是一种机制，代表了人们真实的选择；市场是一群主体，优胜劣汰，生机勃勃。

所以，本期的主题是——生长：市场的力量。

目录

致读者

◎ 聚焦

6　旅游构筑精神家园：文旅深度融合的市场基础　/宋子千

16　在发展旅游促进文化生长的过程中，市场力量应发挥怎样的作用？
　　——"大家笔谈"系列第二期

回 特写

32　"只有河南·戏剧幻城"是一个新物种
　　——高炽海对话"只有河南·戏剧幻城"姚培

40　簪花之美，泉州之魅：多元主体参与下的非遗活化　/崔昕 宋子千

48　文化数智化——高炽海对话金东数创周安斌

60　江西吉安奋力打造中国红色旅游首选地　/李瑞峰

65　有为政府与有效市场的双向奔赴：
　　"中国主题公园第一县"是如何建成的　/丁文霞

74 打造国际天文科普研学旅游目的地
——"中国天眼"彰显社会主义先进文化的旅游路径
/ 刘孝蓉 莫永言 刘邦和

80 围绕影视产业是影视城的根本——高炽海对话象山影视城陈建瑜

👁 观察

92 数字科技赋能文旅融合创新的场景路径与行业建议
——以对腾讯实践的观察为例　/ 何琼峰 武艺

创造者与前行者

◎ 聚焦

旅游构筑精神家园：
文旅深度融合的市场基础

宋子千

一、需求是推动文化和旅游深度融合发展的根本力量

1. 文旅融合自古有之，进入新时代后才上升为国家战略

只有从历史演进的视角来认识文化和旅游融合发展的过程和机制，从国家战略的高度来理解文化和旅游融合发展决策出台的背景和意义，深刻把握其不同于一般意义上文化和旅游融合发展的特殊内涵，以及承载着的党和国家赋予的特定使命，我们才能更好理解文化和旅游融合发展"是什么"及"从哪来""往哪去"。

旅游和文化是相伴而生的，人们在旅游过程中必然伴随着文化环境的转换和不同文化之间的交流，非事务性的旅游更是多将精神层面的追求作为主要目的，因此有人称文化是旅游的本质。从这种意义上说，文旅融合自古有之。英语的旅游"tourism"一词，其起源就是17、18世纪英国上流社会的青年到欧洲大陆的大游学。埃及的金字塔、罗马的斗兽场、法国的巴黎圣母院等，这些著名的景观很早就成为深受当地游客欢迎的旅游胜地，人们到此不仅可以欣赏精美的建筑艺术，还可以品味其背后的历史文化。中国的情况也类似。中国旅游一直重视山水文化交融，重视旅游对人精神品质的塑造。习近平总书记指出："中华民族自古就把旅游和读书结合在一起，崇尚'读万卷书，行万里路'。"近代以来，文化和旅游的融合更加紧密。越来越多的旅游者以文化体验作为自己的目的，如游览人文古迹、体验民族风情、参观文博场馆、观赏文娱表演等。

中国现代意义上的旅游业是从改革开放之后开始的。早在20世纪80年代人们就认识到文化与旅游的紧密联系，提出了"旅游业是带有很强文化性的经济事业，也是带有很强经济性的文化事业"及"旅游消费具有很强的文化性质"等观点，到了20世纪末，"旅游是文化的载体，文化是旅游的灵魂"已经形成广泛共识。随着旅游和文化各自的繁荣发展，二者在加速融合。2009年，原文化部、原国家旅游局联合颁布《关于促进文化与旅游结合发展的指导意见》，部署了多项具体工作。

党的十八大以来，以习近平同志为核心的党中央提出"以人民为中心的发展思想"，明确了我国经济社会发展的根本立场。党的十九大指出，新时代我国社会主要矛盾是人民日益增长的美好生活需要和不平衡不充分的发展之间的矛盾。文化和旅游都是人民美好生活的有机组成部分，文化建设和旅游发展都必须把人民美好生活需要作为出发点和落脚点。在满足人民美好生活需要

◎ 聚焦

这一共同历史使命的召唤下，文化和旅游的联系越来越紧密。在这一时代背景下，2018年2月，中央决定组建文化和旅游部，从体制上为文化和旅游融合提供了保障，标志着我国文化和旅游融合发展进入新的阶段，上升为国家战略。**作为国家战略，国家推动文化和旅游融合发展就是为了更好满足人民日益增长的精神文化需求，进而提升社会文明素质、增强中华民族凝聚力、提高中华文化传播力影响力、促进文化自信自强。**

文化和旅游部组建以来，文化和旅游融合发展取得了明显成效。从国家到省市县，围绕文化和旅游融合发展进行的机构改革主要任务基本完成，各地文化和旅游部门的职能配置、岗位设置和人员编制方案在运行中得到进一步调整优化。文化和旅游行业的传统边界被打破，各地从实际出发纷纷加大资源、平台、工程、项目、活动等的整合，积极推进文化和旅游业态融合、产品融合、市场融合，并及时总结已有经验，积极探索融合发展的新思路，初步形成了文化和旅游发展的合力。根据新的情况，党的二十大报告提出："坚持以文塑旅、以旅彰文，推进文化和旅游深度融合发展。"时任文化和旅游部党组书记、部长胡和平在2022中国旅游集团化发展论坛上的视频讲话中指出：党的二十大报告在"融合"之前增加"深度"二字，表明中央对新时代推进文化和旅游融合发展提出新的更高要求，我们将深化思想认识、厘清逻辑关系，推动文化和旅游在更广范围、更深层次、更高水平上实现深度融合发展。

2. 文旅融合发展离不开政府的推动，更需要市场的响应和自觉追求

在我国旅游业发展历程中，政府一直扮演着非常重要的角色。在旅游业发展早期，我国长期实行的是"政府主导"战略。后来随着旅游业市场化不断推进，我国旅游发展才逐渐从"政府主导"转向"政府引导、市场主导"。

就文化和旅游融合发展来说，它本身是政府推动的战略，承载着提升社会文明等经济效益之外的使命，难以完全通过市场化的手段去推动。在文化和旅游融合发展的进程中，政府从顶层设计、投资引导、市场规范、行为约束、行政程序、理念倡导等方面做了大量工作，也取得了明显成效。**但是从根本上说，文化和旅游融合发展还是得依靠市场的力量去实现。**每一个游客都有自己的诉求，政府不能代替市场做决定。只有当政府倡导的内容、提供的服务和游客的需要完美契合时，文化和旅游融合发展才能取得更好的成效。一项旅游产品，哪怕融入了再多的文化内容，文化品位再高，但如果旅游者不接受、不欢迎，那么这个产品也难以真正落地。

习近平总书记强调:"发展旅游要以保护为前提,不能过度商业化,让旅游成为人们感悟中华文化、增强文化自信的过程。""文化产业和旅游产业密不可分,要坚持以文塑旅、以旅彰文,推动文化和旅游融合发展,让人们在领略自然之美中感悟文化之美、陶冶心灵之美"。论述中的"人们"就是文化和旅游融合发展的服务对象。**文化和旅游融合发展承载着许多宏大使命,其微观基础则是人们在旅游过程中文化体验和获得的提升。**

二、旅游需求多样化、个性化和品质化的背后是人们对精神生活的追求

1. 旅游需求的多样性主要表现为文化体验的丰富性

观光和文化体验并不对立,甚至可以说观光就是一种文化体验。**但是文化体验也是可以区分层次的,文化和旅游融合发展体**

◎ 聚焦

现在旅游活动上，就是文化体验从单薄到丰富、从肤浅到深刻。一般说来，走马观花式的观光旅游虽然也能获得一些感官上的刺激，以及到此一游的满足感，但总体上还停留在较浅的文化体验层次，对自然之美的体验并不充分，更不用说文化之美、心灵之美。正如习近平总书记曾经指出的，"随着经济发展和人民群众生活水平不断提高，以观光为主的旅游已不能满足人们的需求。'求新、求奇、求知、求乐'的旅游愿望，要求我们不断推出更多更好的旅游产品"。这里所说的"求新、求奇、求知、求乐"，就是不同类型的文化追求，这正是旅游需求发展的大势所趋。和旅游业发展早期游客多选择名山大川和人文古迹不同，今天人们的选择更加多样，有的走进田野寻找记忆中的乡愁，有的栖身里弄感受不同城市的岁月印记，有的徒步在戈壁大漠探究生命的意义，有的在大快朵颐中体会紧张生活下难得的放纵，不同类型的文化体验追求汇聚在一起，构成了当前丰富多彩的旅游需求。

2. 旅游需求的个性化集中体现为文化诉求的自主性

个性化和多样性一样，都是大众旅游深入发展的产物。**随着出游次数的增多，人们积累了足够的旅游经验，对于他们来说很多常规的旅游地已经不再新奇，这时候他们就更倾向于自主出游，不仅可以避免随大流旅游的拥挤和高成本，而且可以直面自己的内心，"我的行程我做主"**。近些年来，很多人喜欢去一些未经开发或废弃的景区，去一些人迹罕至的野外，去一些游客稀少的小城镇，并不一定是因为这些地方的景观有多好，而是因为这些地方去的人少，可以让他们静下心来，感悟不一样的美。古人说，山不在高，有仙则名；水不在深，有龙则灵。地方之美也是如此，带着一份欣赏就不难发现美。当然，还有很多人有着自己的独特喜好，比如钟情于某位历史人物、某个历史事件、某个小说情节、某件艺术作品、某种非遗活动，他们就会去往一个地方旅游。在他人看来，这种行为非常"个性"，但是在他们自己看来，这就是去实现自己的心愿而已。

个性化和多样性是可以相互转换的。一旦个性化的旅游需求形成规模化的市场之后，小众市场也就变成了分众市场。今天的大众旅游市场不再是千篇一律的团队观光游，而是由众多的分众市场和更多的小众市场构成。在新媒体传播的造势下，原本的小众市场甚至还可能超越分众市场，形成大众网红。比如淄博的烧烤，天水的麻辣烫，泉州的簪花，一开始都不是大众市场追逐的对象，但是在一些网红达人的带动下，前往旅游体验的人数实现了指数式的增长。

3. 旅游需求的品质化重点在于文化内涵的提升

旅游需求的品质化不等于物质上的奢华。就像习近平总书记在浙江工作时提出的，"要以我省优秀自然资源和人文资源为主干，突出'诗画江南，山水浙江'的主题，精心打造出更多体现浙江文化内涵、人文精神的特色旅游精品"，提升旅游产品的文化内涵和人文精神是提高旅游品质的重要途径。近年来各地将历史文化、传统民俗、民族风情、文化节庆等融入旅游产品当中，大受游客欢迎。今年的端午节，很多游客专程去外地看划龙舟比赛、品尝粽子。**不仅是游玩内容更加注重文化内涵，吃、住、行、购也同样如此，近些年各地推出了一批主题酒店、主题餐馆、主题列车和旅游文创。**以故宫博物院为代表的博物馆文创之所以火爆，附加独特的文化内涵是重要原因，一支普通的口红印上了典藏名画图案，身价就可能倍增。特色民宿也是一个典型例子，其之所以得到快速发展，不只是设施设备更好了，更重要的是文化品位更高了。传统的农家乐主要满足最基本的吃住功能，而特色民宿不仅能够满足人们的吃住需求，往往还附加了很多审美和文化上的情趣，虽然价格可能比高星级饭店还高，住一晚要几百上千元，但是却经常供不应求。随着人民生活水平的提高和旅游市场的成熟，人们的旅游需求将走向更多、更高的精神追求。

三、对精神生活的不同追求形成了众多旅游市场热点

1. 对在地文化的追寻和充满"烟火气"的旅游

有一句话说"旅游就是从自己待腻了的地方到别人待腻了的地方"，得到了很多人的认同。这句话之所以能够得到广泛认同，一方面是因为"熟悉的地方无风景"，另一方面则是因为旅游发展到现在并不单纯是看风景，正如戴斌提出的，"景观之上是生活"。很多人到一个地方旅游，就是希望能够体验当地的生活方式。现在的游客不再局限在酒店、大巴和景区的封闭空间内，而是可能出现在城乡的各个角落。骑辆共享单车，到当地的戏园子听听戏，到城市公园喝碗茶，在小巷深处的苍蝇馆子品尝地道美食，甚至和当地人挤在一起逛菜市场，成为很多游客在目的地上的选择。就是在这些场景中，**点点滴滴的生活气息让人们感受到了生命的充实。**

2. 穿扮出游和梦想的偶然流露

从长安不夜城的汉服出行到泉州蟳埔渔村的簪花，穿扮已经成为人们旅游体验的重要内容，小红书等平台甚至专门设置了穿扮旅游主题。**穿扮背后其实体现的是人们对美的追求，特别是穿扮和旅游结合在一起形成的一个概念——"非常美"，也就是日常生活之外的美。**在日常生活中，人们由于职业需要或受制于周边环境，往往只能板板正正地穿扮。是旅游给

◎ 聚焦

了人们体验不同穿扮的机会，让人们可以发现自己不同的美。目的地的特色文化和景观构成了穿扮的底色，"人从众"则给了人们底气。这种穿扮之美往往和别样、穿越、远方、怀旧等名词相联系，也可以说是人们对日常生活的"反叛"，或者说是"梦想"的偶然流露。

3. 千里奔赴下的情感诉求

为一顿烧烤赴一座城，一顿不行就两顿。去年淄博烧烤火得让人莫名其妙，今年天水麻辣烫火得更是让人猝不及防。淄博烧烤真的就那么好吃吗？值得从数百里甚至上千里外赶过去吃吗？从抖音上的视频和评论来看，淄博烧烤之所以火，最重要的也许不是因为好吃。淄博烧烤是好吃，但没有好吃到让人从数百里甚至上千里外赶过去吃的那个程度。"淄博火的不是烧烤是热情""淄博烧烤吃的是氛围"，这种评论说明很多人去淄博旅游，更多的是满足某种情感上的追求，而

不是单纯奔着烧烤去。**在互联网时代，人们看似获得的信息多了，但是人际的来往反而少了，很多人内心深处有一种孤独感。热热闹闹吃个烧烤，感受一下热情的服务，生活变得真实而美好。**千里奔赴看一场演唱会就是例子。确实有很多人就是想听听现场演唱，但是也有一些人主要是为了感受现场那种和喜爱的歌手同在、和志同道合者同在的氛围，所以很多演唱会观众的声音甚至大过了歌手的声音，他们不是来听演唱会的，他们是来放松、是来宣泄，歌手则是这种情感诉求的背景和催化剂。

4. 求知和研学旅游的发展

前面提到，我国文化传统非常注重旅游对修身养性的作用。但事实上，在过去几千年的历史中，休闲性旅游一直只是少部分人才能享受的奢侈品。新中国成立后，经过数十年的努力，新时代普通老百姓才得以实现"读万卷书，行万里路"的梦想。在经历了最初的观光旅游阶段后，旅游的修身养性功能再次得到重视。中国旅游研究院连续多年的假日旅游调研数据表明，越来越多的游客在行程中会去参观博物馆、美术馆、科技馆等场所，接受文化和科学的熏陶。中国旅游研究院的研学旅行报告指出，研学旅行的参与者从狭义的中小学生不断扩展到包括学龄前儿童、大学生及成年人、老年人等全生命周期群体，呈现更加广阔的发展空间。这就是《"十四五"旅游业发展规划》指出的，旅游是一种生活、学习和成长方式。**旅游不只是消费，也是投资；旅游不只是生活，也是生产。**

5. 国家认同和红色旅游的发展

随着我国国力的持续上升，人们的民族自豪感和国家认同感也不断上升。反映在旅游上就是人们对于红色旅游的热情持续高涨。特别是那些体现新时代现代化建设成就的项目，如文昌航天城、港珠澳大桥等，吸引了众多游客前往参观。而游客通过现场参观，亲身感受到祖国科技的进步和成就的喜人，民族自豪感和国家认同感又会进一步上升，从而形成国家认同和红色旅游的良性循环，充分实现了"以文塑旅，以旅彰文"。

四、以文旅深度融合发展助力构建精神家园

1. 坚持守正创新

文旅融合发展要兼顾社会效益和经济效益。在旅游产品、线路中增加一些文化内容，在文化场所、机构中增加一些旅游服务，合理利用文化资源开发旅游产品，这些都是文化和旅游融合发展的具体举措，都是满足旅游需求更加注重文化体验的需要。但是，和旅游融合发

◎ 聚焦

展的，不能是"封建糟粕""迷信活动""资产阶级的腐朽文化""假古董"，也不能是《在文艺工作座谈会上的讲话》中反对的"调侃崇高、扭曲经典、颠覆历史，丑化人民群众和英雄人物""是非不分、善恶不辨、以丑为美，过度渲染社会阴暗面""搜奇猎艳、一味媚俗、低级趣味""胡编乱写、粗制滥造、牵强附会""追求奢华、过度包装、炫富摆阔""只写一己悲欢、杯水风波，脱离大众、脱离现实"等。**作为国家战略的文化和旅游融合发展，这里的文化不是泛指的文化，而是特指社会主义先进文化、革命文化、中华优秀传统文化。**"要把历史文化与现代文明融入旅游经济发展之中，使旅游成为宣传灿烂文明和现代化建设成就的窗口，成为传播科学知识和先进文化的重要阵地。"

2. 统筹保护和开发

当前社会上对于生态保护、文物保护已经形成广泛共识，但是对于非实体文化的保护意识还有待增强。比如，很多旅游景区、街区都会有民俗表演，这些民俗过去可能只是特定节日或特定场合的习俗，现在则成为一种常态化的表演节目。有的景区、街区天天都在过节，一天上演好几场婚礼，这样的"文化"其实并不是真实的文化。游客到当地参加一场真正的特色婚礼和在景区观看表演的婚礼，感觉是完全不一样的。**特别是当游客对文化体验的要求更高时，往往更加追求文化的真实性，愿意去体验地道的地方风俗，而对这些舞台化的文化**

不感兴趣。对非实体文化的保护和对文物的保护存在根本上的差别，很多非实体文化是活的文化，本身并不是一成不变的。从文化保护的角度来讲，一是要做好记录，现在有很多数字化的手段可以利用；二是要尽量避免游客过量拥入对其造成的干预，游客进入必然会对当地文化发展造成影响，但要尽量将这种影响最小化，让当地居民能够自主选择自己的生活方式。

3. 以科技手段满足多样化、个性化和品质化的统一

科技是文化和旅游融合发展的重要动能。正是有了科技的助力，文化和旅游融合发展才得以形成了许多创新场景和创新产品。比如珍贵文物的立体展现、历史场景的虚拟还原、沉浸式的光影表演等，让游客有了更多体验文化、感悟文化的机会。除此之外，**科技由于能够低成本地提供定制化服务，在满足人们的多样化和个性化需求方面也能发挥重要作用**。比如一个带有游客姓名的杯子，过去需要专业人员花上较长时间才能完成在杯子上的刻画，现在利用激光技术立等可取。再如智能旅拍，利用自动摄影系统可以同时为多位游客进行旅拍服务，大大节约了人力物力，满足了不同游客的独特需求。

4. 以文旅为基础促进更大范围的融合

文化和旅游融合发展的"文化"不局限于狭义的文化艺术，一切社会主义先进文化、革命文化、中华优秀传统文化都是旅游发展的宝贵资源。**越是那种与增长知识、获得智慧、情感共鸣等相结合的文化体验，越可以给人带来更加深刻的印象和持久的影响**。文化和旅游融合发展也不局限于文化和旅游本身，可以通过"文旅+""+文旅"，促进文旅和教育、体育、健康、养老、购物、工农业等领域广泛融合，努力使人民群众物质生活和精神生活都富裕起来，真正实现物质富足、精神富有。

作者简介：

宋子千，博士，中国旅游研究院（文化和旅游部数据中心）政策与科教研究所所长。

◎ 聚焦

在发展旅游促进文化生长的过程中，市场力量应发挥怎样的作用？

——"大家笔谈"系列第二期

【编者按】

《中国旅游评论》会不定期提出一些中国文化和旅游业当前的重要问题，并邀请所涉及领域的一些学界专家和业界领袖，就该问题发表个人观点，将大家的观点集合成文并发表。从中，可以看到行业的国家前沿思考，也可以看到重要的思想碰撞。

本期问题为：在发展旅游促进文化生长的过程中，市场力量应发挥怎样的作用？

旅游业并不只是文化的利用者、消耗者，也可以是文化的促进者、创造者。作为文化的促进者，可以说，没有旅游业的参与，蜡染、古法造纸这样的非遗可能已经死去，也不会有唐装在西安这些古城重新活起来；作为文化的创造者，从旅游演艺到乌镇戏剧节，从阿那亚的美术馆到戏剧幻城，中国的旅游业创造了太多的新文化产品。在旅游业促进文化生长的过程中，市场力量应该起主要的作用。但是，应该如何发挥作用，这是值得探讨的问题。比如，主要的路径应该是什么，应该更关注怎样的文化，应该如何创造产品，旅游业视角可以向文化业视角补充什么，等等。

本期我们共邀请了文化领域和旅游领域的6位专家和业界实践者，从他们的研究或实践出发，谈谈对"文化生长过程中市场力量"的思考。

冯学钢

华东师范大学经济与管理学院
教授、博士生导师

> 冯学钢言简意赅地提出，在促进中国文化生长的创新实践中，旅游市场主体扮演了三个角色：新技术运用者、新场景设计者、新模式创造者。这是一个简洁而令人印象深刻的总结。

其笔谈全文：

旅游市场主体促进中国文化生长的创新实践

2024 年全国旅游发展大会传达习近平总书记对我国旅游工作重要指示，旅游业承载服务美好生活、促进经济发展、构筑精神家园、展示中国形象、增进文明互鉴五项使命任务。"春江水暖鸭先知"，旅游市场主体以其敏锐的视角、强大的资源整合能力和市场号召力，推进技术创新、业态创新、模式创新、服务创新，促进中国文化传承创新与活化利用，践行"以文塑旅，以旅彰文"的新文旅实践。

一、新技术运用者

紧随"互联网 +"技术的演进，旅游市场主体成为新技术运用者与实践者，5G、VR/AR、元宇宙等新技术率先在文旅行业取得实践突破和场景落地。借助文化解码、多重活化及先进的科技临场体验、数字传播技术，文旅资源高效转化成体验产品。运用大数据、云计算等技术追踪市场信息和消费数据，以平台经济为载体，以智能移动端为触手，快速响应、切实满足消费者个性化需求，促进文旅行业效率与动力变革。规模化旅游市场推动技术的成熟化运用，形成一批在智慧展陈、沉浸演

◎ 聚焦

艺、沉浸体验等领域有突出优势和操盘经验的市场主体，以及可推广借鉴的"科技+文旅"实践案例，如《只有河南·戏剧幻城》《只有红楼梦·戏剧幻城》《只有峨眉山·戏剧幻城》等系列产品。

二、新场景设计者

在服务文旅新消费变革时代，旅游市场主体打造了一系列具有文化互动性、数实融合性、情感代入性、多重叙事性、业态集成性的新文旅场景，成为文旅消费升级的新载体，推动文化成景、科技造景、设施塑景、生活融景。如"大唐不夜城"等融合场所感、体验业态、文化价值观等情境要素，强调多感官综合集成，成为创造极致体验的文旅新空间；长沙"文和友"、长春"这有山"等城市文旅商综合体，强调本地生活方式集成，成为主客共享、近悦远来的文化休闲新场域；"永乐长思""风起洛阳""长安十二时辰"等沉浸体验项目，不仅有中华文化的强大 IP 支持，也有贴近市场的体验情境，更有能够占领游客心智的时代传播语言，成为传颂中华文化的新媒介。

三、新模式创造者

市场主体高效整合资源，促进文商会体旅协同发展，共同参与构建新的业务生产、文化传播、公共服务与行业监管模式。跨行业主体逐渐增多，推动实体融合与数字化融合，形成演艺经济、赛事经济、美食经济等文旅新供给模式；整合线上、线下资源，将游客视作重要的内容生产者，推动"线上引流—线下服务"循环转化，极大丰富目的地文旅生态系统。如美团等本地生活平台让游客不断在老地方解锁新玩法，借助市场下沉机遇，塑造目的地生产服务新流程。市场主体致力将中华文化元素与特色文娱体验产品相结合，数字文娱产业出海业务破局增长，助力打造特色文旅IP，促进中华文化"软输出"，创新中华文化"出海"新模式。积极参与建设高效的文旅公共服务体系与全新的行业监管模式，以"一机游"、数字文旅中心等智慧旅游服务平台引领旅游公共服务模式创新，推动剧本杀、密室逃脱等文娱新业态形成包容审慎的行业监管模式，为"有为政府—有效市场"新机制建设贡献智慧。

梁学成

西北大学经济管理学院
教授、博士生导师

对于文旅深度融合促进文化成长，梁学成观察到了五个方面的实践逻辑：打造特色文旅产品，促进文化的原真性解读；加强文旅主体互动交流，促进文化的习得传承；增强文旅内容故事性表达，促进文化的共情传播；重视文旅消费场景化设计，促进文化的认同吸收；关注文旅需求多元化发展，促进文化的守正创新。

其笔谈全文：

文旅深度融合促进文化成长的实践逻辑

文化是人类文明进步的标志，是促进社会发展的一种精神力量，也是反映一个国家或民族的凝聚力和创造力的重要体现。习近平总书记曾深刻指出："没有高度的文化自信，没有文化的繁荣兴盛，就没有中华民族伟大复兴。"党的二十大以来，

◎ 聚焦

"坚持以文塑旅、以旅彰文，推进文化和旅游深度融合发展"已成为文旅业发展的指导方针和行动指南。伴随科技赋能、数字化转型共同推动，国内旅游演艺、主题街区、沉浸式场景等新业态不断迭代发展，使得文化盛宴与旅游场景交相辉映。在这一市场化的文旅融合发展过程中，如何看待文化成长问题？笔者认为主要表现为以下五个方面：

第一，**打造特色文旅产品，促进文化的原真性解读**。文旅产品的吸引力来自独特性和鲜明的文化标识，而文化遗产的原真性正是其特色和魅力所在。借助多种手段，以多视角和批判性思维深入解读其文化的本质、成长背景及当代意义，不断提炼和萃取文化精髓，才能打造出具有高辨识度的文旅产品，否则高等级的文化资源会变得索然无味或平淡无奇。

第二，**加强文旅主体互动交流，促进文化的习得传承**。文旅消费引发多主体间互动，进而产生文化交流，增强了游客的体验感，提升其文化的认知度。如非遗进景区，使游客与非遗传承人产生互动，实现非遗资源的活化利用和价值共创，其本身还体现出文化的习得性和传承性，进而让这些传统非遗文化焕发了新的生机。

第三，**增强文旅内容故事性表达，促进文化的共情传播**。讲故事易于调动人们的情绪价值，增加趣味性，增强文化感染力。文旅内容的故事性表达不仅可以提升旅游吸引力，还会引起游客文化共情，促进文化的交流传播。《延安保育院》《又见平遥》《丝路之声》等文旅作品，就是用故事线来演绎文化，使游客在观演体验中触动情感、产生共鸣，从而获得对文化的认同和尊重。

第四，**重视文旅消费场景化设计，促进文化的认同吸收**。借助现代科技赋能打造文旅消费的新场景、新空间，可以创造具有吸引力和感染力的体验氛围，增强游客的参与感和认知欲望。"大唐不夜城""北京环球影城""灵山小镇·拈花湾"等主题景区，就是通过场景塑造、灯光设计、虚实空间结合等方法，展现全景式、具身化和穿越感带来的刺激，让游客从更多方面感触文化信息，产生文化压力而带来的一种共鸣，进而易于形成文化认同和吸收。

第五，**关注文旅需求多元化发展，促进文化的守正创新**。大众旅游时代引发参与群体庞大，因年龄阅历、婚姻家庭、学历教育等不同而产生多元文化诉求。中华文化开放包容，形成和传承民族文化、历史文化、传统文化、革命文化、社会主义先进文化等多种文化事象，产生丰富多彩的文旅产品，它们相互交融、演进发展，如传统文化中的农耕文化"耕读传家"，从传统民居、乡村旅游发展来看，至今还深刻影响着国人的勤劳、智慧与读书等品格，这也是传统文化守正创新的一种体现。

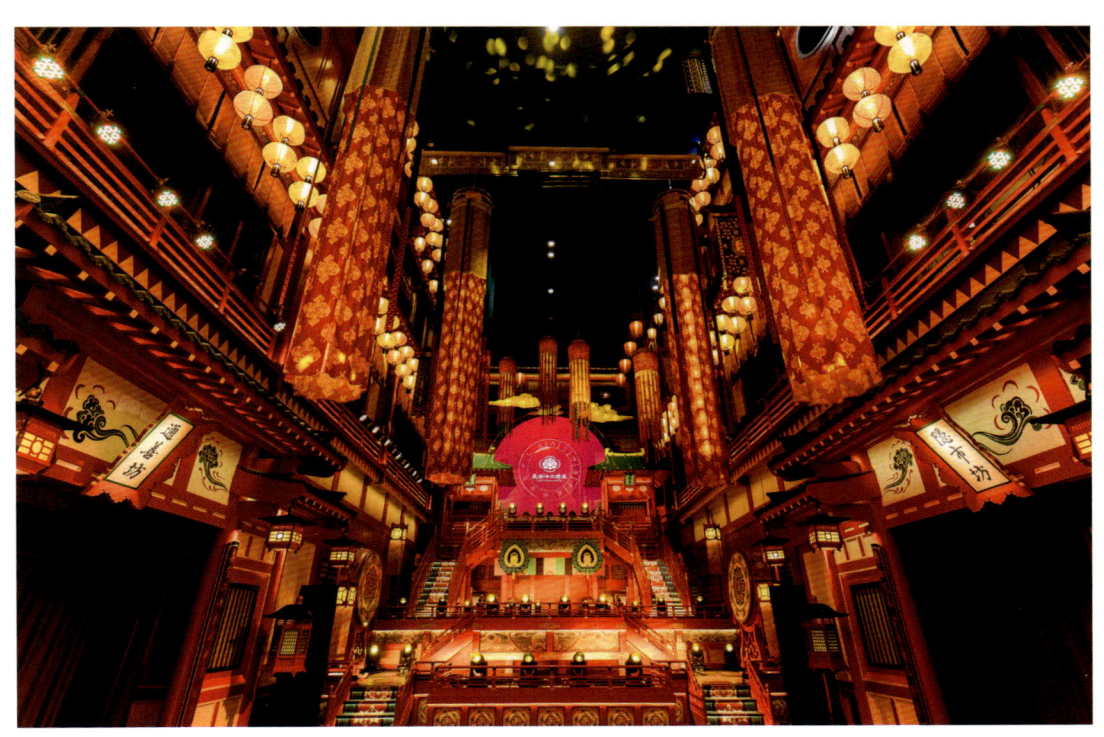

◎ 聚焦

封新城

《新周刊》创办人、
"乡创中国"发起人

> 封新城讲述了他从媒体切入文旅的过程，以及在云南凤羽的实践，从而提出了对中国文化旅游发展的一个判断：旅游形态正从观光、度假等一步步升级为内容新文旅，进而又演化为生活方式之变和生活家之选。

其笔谈全文：

当有一种新文旅叫"生活家之选"

早在20世纪末的1999年，我就在《新周刊》以《不想再去的10个旅游胜地》为封面标题，给中国初级阶段的、旅行团式的"景点旅游模式"亮了"黄牌"。

也是在同一年，我又以《找个地方躲起来》为封面标题，预言了旅游发展的代际更迭，即：在私人和个性化层面，旅游是观光更是度假。

而在法国未来学家阿塔利眼里，目的地的选择本身就是奢侈品。他在1999年出版的《21世纪词典》里描述新"奢侈"时说——生活总是在升级换代，高品质体现在一个人"不再是积累各种物品，而是表现在能够自由支配时间、回避他人、塞车和拥挤上。独处、断绝联系、拔掉插头、回归现实、体验生活、重返自我、返璞归真、自我设计将成为一种奢侈。**奢侈本身是对服务、度假地、治疗、教育、烹饪和娱乐的选择**"。

我是"生活家"一词的倡导者，我也在2019年台湾地区出版的《微隐隐于凤羽》一书中，以凤羽为案例，正式提出了"微隐居"这一内容新文旅概念。于是，继徐霞客之后，近400年，凤羽，这个"苍山之首、洱海之源"的神会之地被第二次发现。

在凤羽，我与一群京沪穗传媒人以"软乡村、酷农业、融艺术、慢生活"为理念，探索出了"城市切换乡村／资源助力乡村／艺术引爆乡村"的凤羽模式。

路径：大地艺术＋小众物产＋高端文旅。

形态：小而美、远而净、原而创、乡而洋。

目标：艺术达沃斯／亚洲首个威士忌小镇／国际化头部度假目的地和微隐居社区。

我因此提出：田园，地球的头等舱。我们不走向世界，世界会走向我们。凤羽十年的内容新文旅实践显示：京沪穗高净值人群和潮头人士的"城乡自主切换"，不仅是一种心理需求、时尚需求，更是生活方式演变的需求。

在田园中寻找新文旅，以内容打造新文旅，这其实是生活方式之选，是荒乱年代的疏散预警，是焦虑人群的逃离秘径。

自然即奢侈。

"我心安处即是家"的"哲学地产"其实一直在乡野中；而乡野，或许是"急之国"人的平行世界入口。一言以蔽之：**旅游形态正从观光、度假等一步步升级为内容新文旅，进而又演化为生活方式之变和生活家之选。**

◎ 聚焦

陆林

安徽师范大学
教授、博士生导师

> 陆林认为：中国文化和旅游进入深度融合阶段，市场在其过程中起到决定性作用。文旅企业更是重中之重，应发挥市场主体作用。其中，我国需培育具有国际竞争力的创新型文旅品牌；需关注中小微文旅企业的创新作用；文旅龙头企业与中小微企业之间应加强联动，构建由文旅龙头企业牵头、中小微企业参与的市场端供给组合。

其笔谈全文：

在发展旅游促进中国文化生长的过程中，市场力量应发挥怎样的作用？

2024年5月，习近平总书记就旅游工作做出重要指示指出，改革开放特别是党的十八大以来，我国旅游发展步入快车道，形成全球最大国内旅游市场，成为国际旅游最大客源国和主要目的地。中国巨大的市场潜力和高品质的市场需求，驱动了旅游市场提供层次多元化、类别多样化的文化旅游产品，推动我国文化的蓬勃生长，促进文化与旅游融合成为必然。文化与旅游深度融合既可以增强文旅产业发展的竞争能力，又能够拓展市场空间，在党的二十大"扎实推进共同富裕"的战略指引下，文化与旅游深度融合发展被赋予了新的历史使命，肩负着促进共同富裕的责任和担当。以文塑旅、以旅彰文，文旅深度融合可以更好地满足人民群众对不同层次、不同类型文化旅游产品的需求，通过文化产业、旅游产业及相关要素的有机结合，提升全体人民的物质生活水平和精神生活质量，实现物质层面和精神层面的共同富裕。

文化与旅游深度融合是一个多环节、多主体、共合作的过程。市场在文旅资源配置中起决定性作用，而企业是市场的主体，应充分发挥文旅企业在推动文化和旅游产业深度融合过程中的市场主体作用。其中，文旅企业品牌的建设尤为重要，**我国需培育具有国际竞争力的创新型文旅品牌**。文旅龙头企业引领带动产业链、价值链、创新链的拓展延伸是文旅业可持续发展的核心要义之一。大力培育发展骨干文旅企业，促进文旅资源产品化、文旅产品产业化的创造性转化和创新性发展。同时，**需关注中小微文旅企业的创新作用**。中小微型企业相较于大型企业在一定程度上更具创新性与灵活性，需拓宽文旅企业投融资渠道，加大财政扶持力度，助推文旅中小微企业成长壮大。逐步提升文旅重点领域的产品供给能力，推进发展文旅新质生产力。**文旅龙头企业与中小微企业之间应加强联动，构建由文旅龙头企业牵头、中小微企业参与的市场端供给组合**，引导推动文旅企业聚集性发展。同时，政府的宏观调控对发挥市场力量的作用同样不能忽略。政府推动是文旅高质量融合发展的主要动力之一，要进一步规范文旅融合发展市场，加快发展现代文旅企业，推动旅游业高质量发展。把握好有为政府与有效市场的辩证逻辑，政府引导和市场驱动的双重作用才能促进中国文化生长并形成良好的格局。

新时代新征程，旅游发展面临新机遇新挑战。在发展旅游促进中国文化生长的过程中，要以习近平新时代中国特色社会主义思想为指导，完整准确全面贯彻新发展理念，坚持守正创新、提质增效、融合发展，统筹政府与市场、供给与需求、保护与开发、国内与国际、发展与安全，着力完善现代旅游业体系，加快建设旅游强国。

◎ 聚焦

周玲强

浙江大学城市学院国际文旅院
教授、博士生导师

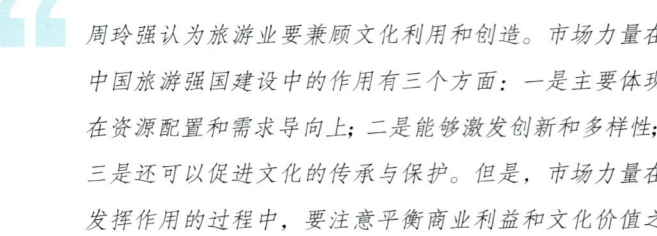

> 周玲强认为旅游业要兼顾文化利用和创造。市场力量在中国旅游强国建设中的作用有三个方面：一是主要体现在资源配置和需求导向上；二是能够激发创新和多样性；三是还可以促进文化的传承与保护。但是，市场力量在发挥作用的过程中，要注意平衡商业利益和文化价值之间的关系。

其笔谈全文：

市场力量在中国旅游强国建设中的作用

在当前全球化和数字化浪潮的推动下，旅游业作为一种重要的经济和文化现象，不仅是文化的利用者和消耗者，更是文化的促进者和创造者。中国拥有丰富的文化遗产和多样的自然景观，旅游业在其中扮演了举足轻重的角色，既促进了经济发展，也推动了文化传承与创新。在习近平总书记提出加快建设旅游强国、更好展示中国形象的背景下，市场力量应如何发挥作用，成了一个值得深入探讨的重要课题。

首先，**市场力量在旅游业中的作用主要体现在资源配置和需求导向上**。市场机制能够有效配置资源，通过价格信号引导旅游资源的最优利用。例如，浙江省的乌镇通过市场化运作，成功将一个普通的江南水乡打造成了文化旅游的典范，不仅吸引了大量游客，还举办了乌镇戏剧节等高水平的文化活动，推动了地方经济的发展和文化的繁荣。再者，四川省的九寨沟景区也是市场化运作的成功案例。九寨沟以其独特的自然景观和民族文化吸引了大量游客，通过门票收入和构建旅游相关产业，不仅促进了当地经济发展，同时也加大了对景区的保护和管理力度。

其次，**市场力量能够激发创新和多样性**。在旅游业中，文化产品的创新是吸引游客的重要手段。例如，杭州的宋城演艺通过市场化运作，推出了一系列具有浓郁地方特色的文化演出，不仅丰富了旅游产品，还增强了游客的文化体验。这种创新能力在很大程度上依赖市场力量的驱动，因为市场竞争促使企业不断利用新技术、推出新产品以满足多样化的消费需求。另一个例子是云南的丽江古城，通过引入市场机制，鼓励当地居民和企业参与文化创意产业，开发了许多具有当地特色的文化产品和活动，吸引了大量游客，促进了当地经济和文化的发展。

最后，**市场力量还可以促进文化的传承与保护**。通过旅游业的市场化运营，许

◎ **聚焦**

多濒临消失的传统文化技艺和非物质文化遗产得以重焕生机。例如，贵州的蜡染技艺和古法造纸在旅游业的推动下，不仅得到了有效保护，还通过旅游产品的形式走向了市场，得以持续发展。市场的需求为这些传统技艺提供了经济上的支持，确保了其传承的可持续性。另一个典型案例是福建的客家土楼，通过旅游业的发展，这些独特的建筑形式和生活方式得到了广泛的关注和保护，并成为世界文化遗产，吸引了大量游客前来参观和体验。

然而，值得注意的是，**市场力量在发挥作用的过程中，也需要注意平衡商业利益和文化价值之间的关系**。在追求经济效益的同时，不能忽视文化的内在价值和长远意义。例如，某些地方的过度商业化旅游开发可能导致文化的表面化和失真，破坏了原有的文化生态。如云南的丽江古城在旅游开发初期由于过度商业化，导致了部分传统文化和建筑遭到破坏，引起了社会的广泛关注和反思。因此，政府和相关部门应加强对旅游市场的监管，制定合理的政策进行引导，确保旅游业的发展既有利于经济，也能真正促进文化的生长。

综合来看，市场力量在发展旅游促进中国文化生长、对外展示中国形象的过程中，起到了至关重要的作用。它通过资源配置、激发创新、促进传承等多方面推动了文化与旅游的融合发展。然而，只有市场的作用在政策的引导和监管下，才能真正实现旅游经济与文化发展的双赢局面。在未来的旅游发展中，如何更好地发挥市场力量的作用，值得我们学者和政府部门持续关注和深入研究。

在全球旅游业竞争日益激烈的背景下，中国的旅游业需要更加重视文化内涵的挖掘和提升，以文化为核心，市场为动力，创新为手段，打造具有中国特色的旅游品牌。通过市场力量的有效发挥，旅游业不仅能够成为经济发展的新引擎，更能成为中华文化生长与传承的重要力量。

张卫青

江苏水乡周庄旅游股份有限公司
董事长

> 张卫青认为市场力量是文旅融合的现实需要，而且结合周庄的实践，直接提出了当下它应有的最重要的三个作用：一是以市场力量中资金的供给来保证文化基因的延续；二是文化成长不能是简单的重复，要以市场需求为导向，激发活力，推陈出新，自我迭代；三是通过市场的力量来实现文化成长的有效统筹和平衡，解决过多、重复抑或偏少、荒漠化的问题。

其笔谈全文：

市场力量，文化成长的生命之泉——以周庄古镇旅游为例

如何让市场力量更有效地发挥作用，实际上是回应了文旅融合中以旅彰文的现实需求。个人认为这也是"以文塑旅、以旅彰文"中更为侧重的一点。市场力量，主要包括资金供给、需求引导、统筹平衡，旅游文化的生长更是离不开市场力量的作用。

要实现用市场力量来促进中国文化在旅游发展中更好地生长，**首先，要解决的是以市场力量中资金的供给来保证文化基因能够在当下存活并延续**，特别是那些当下国家关注和支持不足但具有长远发展潜力的文化内容，需要市场资金以各种形式输血、造血。周庄旅游在25年前，以每年100万元的资金扶助昆曲团体，不仅使各个知名昆曲团体得以延续，更通过旅游平台，培育了一大批优秀的国家级昆曲表演

◎ 聚焦

艺术家，使昆曲演出成为旅游亮点项目。目前，昆曲走下舞台，走进园林，走入景区。周庄将整个古镇作为社区型景区进行开发，原住民的生活成为旅游资源的一部分，同时原住民也成为旅游的主体之一。毫不夸张地说，周庄旅游嵌入的不仅是旅游市场的力量，也是古镇本土文化的力量。

其次，**新时代的文化成长不是简单地重复最初的面貌，而是能否以市场需求为导向，激发活力，不断推陈出新，自我迭代，为大众所认知、认同**。一般景区都会引入文化非遗项目，但往往很多非遗保留了原来的工艺技术，却与当下游客的需求不相适应，无法获得市场认同，基本依靠景区补助维持运营，如此局面不可持续。传统非遗在时下如何再次成为时尚的符号，其方向的依据在于大众需求。周庄不断创新旅游产品，如推出"夜周庄"品牌，利用光影科技和艺术设计，打造夜间旅游新体验。周庄的夜间成为一种新的文化品牌，适应市场需要，获得市场认同并成为自身特色文化符号。

最后，**需要通过市场的力量来实现文化成长的有效统筹和平衡，解决过多、重复抑或偏少、荒漠化的问题**。这里不得不提一下"**周庄嵌入式**"发展模式。周庄的嵌入式旅游发展模式是一种创新的旅游发展策略，它将旅游发展与当地社区生活紧密融合，注重保护和挖掘古镇文化，同时带动当地经济发展和居民就业。周庄发展共享农庄（乡村民宿），盘活乡村土地资源，推动农文旅深度融合，带动乡村休闲游发展。通过项目如"香村·祁庄"，周庄发展乡村旅游，让游客体验原汁原味的乡村生活和文化。从周庄旅游的发展历程来看，只有通过市场力量实现区域间供给与需求的相对平衡，才能将传统文化传承创新注入旅游发展当中，尽可能地实现各美其美，美美与共！这难道不是文化和旅游追求的终极目标吗？

特写

"只有河南·戏剧幻城"是一个新物种

——高炽海对话"只有河南·戏剧幻城"姚培

对话时间：2024 年 6 月 13 日
对　话　人：高炽海
　　　　　　姚　培

"只有河南·戏剧幻城"夯土墙夜景

高炽海： 当初为什么要做"只有河南·戏剧幻城"这个项目？

姚培： 情怀。我想，这个问题最标准的答案，是在"只有河南·戏剧幻城"2021年5月19日微信公众号的文章里——河南老胡与《只有河南》。文章的作者是建业集团董事长胡葆森先生。这个问题，更掷地有声的答案，在胡董和总导演王潮歌的一条对话视频里。这条视频拍摄于2018年，发布于2021年5月19日"只有河南·戏剧幻城"的官方视频号。如果大家愿意，可以通过只有河南的官方微信号、视频号搜索原文。

"只有河南·戏剧幻城"夯土墙

高炽海： 这个项目大致的时间进程是怎样的？

姚培： 在刚才提到的胡董文章里也有讲到，这个作品的动意可以追溯到2015年，最早选址洛阳，作品名字叫《只有洛阳》。在持续创作一年多后，受制于文化保护及其他原因，项目遗憾中断。后来，作品在郑州重新启动，王导也提出了更大的构想——《只有河南》。2017年10月12日项目奠基；2021年6月5日，芒种，在一片金黄的麦田之上，"只有河南·戏剧幻城"第一次开城纳客。

这个以戏剧聚落群形式存在的、从未有过的新物种，开城仅一个月就迎来了全国各地的近20万名观众，并且还是在文旅行业传统意义上的淡季——6月。这个奇迹般的开城成绩单，给了我们极大的鼓舞。但遗憾的是，开城后45天，就遭遇了郑州"7·20"特大暴雨而被迫关停45天。接下来的一年多时间里，我们经历最多的事情就是闭园和开园。只有河南的粉丝们帮我们数着开城次数，从麦熟城开，到2022年底最后一次开城，一共6次开城。

特写

到今天，我们已经运营了三年。在上一周，6月5日，"只有河南·戏剧幻城"经历了第三次金黄的芒种，我们和来自全国各地的观众一起，庆祝"只有河南·戏剧幻城"的三周岁生日。几千名观众中，有许多老朋友，也有许多是从很远的地方专程来为"只有河南·戏剧幻城"庆生的。我们一起，在麦田边，在晚风里，一起听歌手老狼歌唱青春、歌唱收获。

高炽海：你觉得应该怎么定义"只有河南·戏剧幻城"这个项目？

姚培："只有河南·戏剧幻城"是什么，这是一个被无数次问起的问题。**"只有河南·戏剧幻城"就是"只有河南·戏剧幻城"，是只有，河南，戏剧，幻城。它是一个新物种**，因为在它之前，从未有过这样的作品，没有一个地方可以有21个剧场、有700分钟的剧目，没有一个作品会把戏剧这种高雅的严肃的戏剧艺术作为消费核心、作为一个常年运转的独立的目的地而存在。并且，它没有依附于大客流的知名景点，甚至也没有建在知名的旅游城市。它自成一体，自己成为目的地，不断吸引人们不远万里地专程到来，而且是一次又一次地到来。曾经文旅系统的领导跟我聊起，说按照A级景区的标准来评价你们似乎都不合适，因为你们不是一个传统意义的景区，你们是一个现象级作品。

没错，"只有河南·戏剧幻城"是一个新物种。

不是乐园，不是游玩山水，不是娱乐猎奇，不是声光电的刺激，是只有戏剧、只有沉浸和融入的新物种，是总构想、总编剧、总导演王潮歌笔下的新物种。因为是新物种，因为从未有人做过，所以，如何建设它，甚至连如何运营它，都是新的命题。比如非常小的一个问题，如何买票？大家买的票是景区票还是剧场票？剧目如何排期？走进"只有河南·戏剧幻城"的客人，是观众还是游客？如何让许多从未进过剧场的人遵守观剧礼仪？这都是新问题。

如果一定要从文旅行业角度定义"只有河南·戏剧幻城"，我觉得**它是文化和旅游的完美融合，是戏剧艺术和旅游的完美融合，是"以文塑旅、以旅彰文"的重要体现，是市场价值、社会价值、艺术价值的高度统一**。戏剧艺术和旅游的融合，让更多的人有机会接触到戏剧艺术。**同时，它也让旅游变得更加有意义感和价值感**。我们的作品，深者看了不浅，浅者看了不深。旅游圈常常会提到一个说法，"旅游的本质是提供情绪价值"。这个情绪价值可以是开心，可以是快乐，可以是刺

"只有河南·戏剧幻城"夜景航拍

激,可以是看到大山大川时的心旷神怡。但是在"只有河南·戏剧幻城",提供的情绪价值,可能是感动,是思考,是回望,是出逃,甚至有可能是压抑及压抑之后的释然、幸福和热望。

所以很多人离开"只有河南·戏剧幻城"之后,还是会走不出去,念念不忘。有一个网络词汇叫——戒断。许多人离开之后,在小红书上用"需要戒断"来形容他们离开"只有河南·戏剧幻城"之后走不出去的感受。所以才会有来过100多次的客人,并且其中一部分还是河南省外的客人,这让我们很感动。

高炽海: 你们把戏剧艺术和旅游融合之后带来两个价值,一个是让更多的人可以接触到戏剧这样的艺术形式,一个是给大家提供了正向的且更深远的情绪价值。那从你们的数据上看,被影响的游客主要是哪些人?河南省的居多吗?哪个年龄段的为主?

姚培: 跟您分享一组数据。第一个数据是**70%的是省外客人**。这个数字说明这里已经成为一个目的地,是一个文化的目的地,一个戏剧艺术的目的地,而且这个目的地是在荒地之上,在没有历史遗迹、没有自然山水资源、没有旅游城市的旅游势能加持的情况下平地长出来的戏剧之城。

第二个数据就是**85%的年轻客群**。年轻人是消费主力军,他们同时是高感性人群,爱分享、爱表达,他们会在各个社交平台上表达自己的感受。这些感受里边有对河南的赞美,有对河南人的赞美,有对生命的赞美,有对中华文明的赞美,有对我们祖先的赞美。在娱乐消费是主流的今天,我们没有想到能得到这么多年轻客群的喜爱。

第三个数据是**1200万的年观剧人次**。这意味着一年有1200万人次走进剧场、走进戏剧,走出剧场后有所思考、有所获得。我觉得这个数字是巨大的鼓舞，也是巨大的贡献。

高炽海： 你们这个项目是纯市场化的，你觉得靠什么生存？

姚培： 天时、地利、人和。靠文旅的发展趋势，靠作品的势能，当然也需要用心运营。作品势能角度，除了大家能直接感受到的戏剧本身的吸引力外，规模化也是很重要的基础，甚至是一个独立生存的门槛。21个剧场，700分钟两天都未必看得完的演出，从未有过的创新，直抵人心的内容，震撼的场景，真诚的运营……都是我们生存的护城河。

高炽海： 你们这个项目的奠基是在2017年，那一年我们能观察到中国发生了一些重要的文化现象。比如脱口秀，这本身是国外的东西，但比较小众，而2017年先后推出《吐槽大会》《脱口秀大会》，风靡全国。**这意味着在一定程度上，中国文化的现代化的繁盛，21世纪10年代末可能是很重要的拐点。** 后面紧接着是国潮的兴起。

社会好像到了一个追求精神生活的阶段，或者说有更高精神诉求的阶段，反过来就推动了市场的供给商。市场是敏感的。

姚培： 开始建造这个城的时候没人相信会有今天的情景，会如此被接纳。在河南做一个以戏剧为主要内容的产品，我们起初并不知道有多大市场。但今天看来，我们是对的，未来一定是需要的。因为社会在进步，大家会越来越关注到精神文明，关注到文化消费。

高炽海： 我不认为题材里面有苦难、有历史或者娱乐会是一个很关键的点，因为你们本身就有20多个剧，可以有很多类型，而且将来也会不断更新。你们现在有些剧，比如我昨天看的《苏轼的河南》，编剧的手法就很年轻化，一些无厘头的东西不少；另外有些是看了就会哭的，像《李家村》。你们的类型很多，不是单一的话剧产品，就是你前面说的规模化和丰富性。所以哪种题材不是你们的核心问题。

在我看来，美国有个百老汇，它是由社会的力量和产业的力量形成的，**而你们用一己之力做了一个百老汇。这是本质性的。**

姚培： 不少客人评价我们，说"只有河南·戏剧幻城"提供了一个乌托邦、理想国。

高炽海： "只有河南·戏剧幻城"的剧其实全部都是在河南大地上发生的事，现在来的主要是外地的游客，为什么这个产品讲河南文化，却并没有形成市场障碍？

"只有河南·戏剧幻城"三大主剧之一《李家村》

姚培： 从目前省外观众的占比看，很显然没有形成市场障碍。河南是中国的缩影，很多观众看完了之后有几种朴素而直接的感受，第一当然是河南了不起、河南历史深厚而辽阔，但更深层次的感受是热爱我们的民族，敬畏祖先、敬畏过往。

高炽海： 来之前看到的都是图片、视频，的确很漂亮。麦田过去那个夯土墙，"只有河南"那几个字，以及幻城里每一个方格子空间都有很多东西，拍出来是很漂亮的。我觉得大多数人来之前并没有看见那些剧，但在今天这样一个传播时代，在抖音、小红书里，大家是看见了这些美丽的图片、视频，被打动了。

姚培："始于颜值，忠于内容"。

高炽海： 以我的观察，一方面，这里的空间基本采用河南的元素，夯土墙、麦田、地坑院等；另一方面，整个空间有很强的景区特征，只有做景区的人会特别重视"颜值"。这不是一个单纯做文化产品、单纯做戏剧的人具有的思维方式。

前面你讲的规模化和内容的不深不浅、适应了中国这个阶段，这都是你们成功很重要的因素，**还有一点是你们有一个很好的视觉体系。** 所以这是个很有意思的事情——**你们用旅游的手法，反过来促进了文化产品的生存。**

姚培： 文化产品要被大众接受、被市场选择并不是一件容易的事情。而且，戏剧是一种要身临其境之后才能感受的艺术形式，这是在网上用再美妙的图片、再美好的语言都描述不清的。但是里边的场景也就是大家所说的颜值，是可以在网上先感受一二的。王潮歌导演有句话，**3秒钟控制你的脚，13分钟控制你的眼睛，23分钟控制你的情绪，从剧场出来的时候控制你的心**，就是一个从视觉震撼到内心融入的过程。

高炽海： 你们全部是用沉浸式戏剧的方式？现在"沉浸式"这个词的确很多地方都在使用。我们要搞清楚，这个沉浸究竟是什么，什么状态才能叫沉浸。

姚培： 什么是沉浸，我自己很狭隘地理解，身体沉浸不叫沉浸，心沉浸了才叫沉浸。身边有演员走过去不叫沉浸，你的心跟着戏走、跟着情绪走才是真正的沉浸。

高炽海： 让心能够沉浸下来，除了戏剧创作本身要能够抓住人，似乎还需要做些别的工作。坦率地讲，今天上午我看的第一部剧，就把我弄得挺烦。《曹操的麦田》，这是我这两天看的剧中编剧上最成熟的一个，符合"深者看了不浅，浅者看了不深"，同时它的认知水准要高一些，就是曹操是多面相的，是很好的剧。结果我旁边那位始终在看他的手机，屏幕亮得不成样。

姚培： 这需要回到刚才我们聊到的问题上，我们到底是不是一个景区，进来的人到底是个游客还是个观众？游客和观众是一个人的两面。当他看演出的时候，他就是观众；当他走出剧场去拍照的时候，他就是游客。我常常提醒自己，我们不是一个景区，或者说不只是一个景区。如果是一个景

"只有河南·戏剧幻城"小剧场《曹操的麦田》官方剧照

"只有河南·戏剧幻城"《河南的土》空间照片

区的话，不会对游客刷手机这个行为那么反感。而在"只有河南·戏剧幻城"，为了让大家沉浸，为了让大家安静，为了让大家尤其是不经常进剧场的人能够耐心观剧、不干扰同时空的人，我们用尽了浑身解数。一个人从进入"只有河南·戏剧幻城"，到离开"只有河南·戏剧幻城"，他接触到了文字的、语音的、画面的、手势的、写在明信片上的、写在排队区的、投影在地面的，甚至融入台词的提醒，不会少于30次。戏剧艺术大众化，当戏剧艺术以旅游的形式存在的时候，我们面临的其中一个最不起眼的挑战，就是像您刚才提到的旁边的那位客人的不文明行为。我们要让一个来之前可能抱着游玩儿心态的客人，成为一个彬彬有礼的观众，让他知道进入剧场是要替他人的感受考虑的，我想这也是"只有河南·戏剧幻城"在戏剧之外的一些价值所在。

高炽海："只有河南·戏剧幻城"里面所有的剧，编导是不是都是王潮歌？

姚培：对，王潮歌不仅是总导演。她是总构想、总编剧、总导演。

高炽海：你前面说到"我们是戏剧和旅游的融合，就是戏剧剧院的产品以旅游的形式存在"，**那你们是用旅游经营的方式去看待一个文化作品的发展过程，这是一个渐进的过程。**就是说先更大众一些，当市场立住了，可以让文化作品更大胆一些，慢慢升级。**这是一个不断市场测试、逐渐适应、螺旋上升的过程。**

一个艺术家去看一件文化作品，不是一个面向市场的渐进的过程。他更关注他的思考、他的表达。

姚培：我们和观众之间是双向选择，我们在选择观众，观众也在选择我们。作品的艺术价值是螺旋式上升的。

作者简介：
高炽海，《中国旅游评论》联合主编。
姚培，建业集团副总裁、建业文旅公司总经理。

> 特写

簪花之美，泉州之魅：
多元主体参与下的非遗活化

崔昕　宋子千

舐犊情深（朱来荣摄）

蟳埔村位于福建省泉州市丰泽区东海社区，地处晋江入海口，距离泉州古城10千米。蟳埔女，即蟳埔村渔女，是与惠安女、湄洲女齐名的福建三大渔女之一。蟳埔女的典型头饰"簪花围"，被称为"头顶上的花园"，以其独特的魅力展现着泉州蟳埔女性的风采。头饰中常用素馨花、含笑花、粗糠花等鲜花将头发盘起，使得蟳埔女的头发宛如一幅流动的画卷。2024年1月9日，联合国教科文组织微博发文："簪花很美，泉州很赞！"如今，"游蟳埔、戴簪花、美自己"已成为游客来闽、来泉最独特的体验。据统计，蟳埔村2023年接待游客超过350万人次，节假日单日游客量最高时达到5万人次。**在这个过程中我们看到了政府、市场和居民等主体对于当地文旅深度融合发展的推动作用。**

一、流量到留量的转变：市场为蟳埔村簪花围注入旅游新动力

通过对相关数据的整理与分析，我们可以看到蟳埔簪花围"出圈"过程中的三个重要时间节点与关注度峰值：2023年1月、2023年10月及2024年2月。这三个时间节点将簪花围的流量变留量的历程划分为四个阶段。

（一）厚积薄发的璀璨，泉州簪花特色的精彩展现（2023年前）

簪花围不仅是我国服饰文化的璀璨亮点，更是国家级非物质文化遗产，兼具审美价值与深厚文化底蕴。2022年浙江卫视《万里走单骑第二季》节目中，明星周韵体验簪花围装扮的视频片段在抖音收获33.4万次点赞，新浪视频播放量达158万次，"女生用鲜花做发型能有多好看"话题也随之在新浪微博上引起热议，阅读量达到1.3亿，讨论量达到1.8万。同年，超模贺聪以蟳埔簪花围造型登上知名设计与生活方式类杂志《Wallpaper卷宗》封面，再一次让人们看到了泉州蟳埔女的发饰特色及她们怀抱着的忠贞热忱的生活信仰。"贺聪簪花开季封面"话题在新浪微博的阅读量也随之达到了4224.3万，讨论量达到了2万。可见，蟳埔簪花围以其民俗风情和地方文化特色在互联网上已经累积一定的"流量"，每次亮相均引发公众广泛讨论。

（二）惊艳亮相，非遗文化持续绽放魅力（2023年1月至10月）

蟳埔簪花围最为人所瞩目的一次"出圈"是 2023 年 1 月 28 日《上城士》时尚杂志发布了一组赵丽颖深入蟳埔村体验簪花围装扮的精美图片。《上城士》官方微博发布的 5 条相关微博总点赞量达 50 万次；其抖音账号发布的对赵丽颖头戴簪花的采访视频点赞数更是高达 110.4 万，相关话题播放量突破千万次。随后，蟳埔簪花围的热度一直在互联网上广泛传播。2023 年 4 月，毛晓彤和陈都灵的簪花造型均引发了广泛关注，尤其是"赵丽颖毛晓彤陈都灵簪花女造型"成为新浪微博热搜话题，阅读量高达 1.7 亿，讨论度达 4.2 万。直至同年 10 月，包括周雨彤、黄圣依、冉莹颖、沈梦辰、赵雅芝、陈意涵在内的多位明星在体验蟳埔簪花围的照片和视频在社交媒体上登上热搜榜和话题榜。自媒体平台也有网红达人发布簪花围体验帖子和视频，簪花围在互联网上虽然得到持续传播，但话题讨论度和关注度等数据并没有 2023 年初那样亮眼。

（三）风潮再起，全民热议泉州簪花围（2023年10月至2024年2月）

自 2023 年 10 月起，蟳埔簪花围在抖音平台再度受到热烈关注，多位网红达人分享了体验视频。截至 2024 年 3 月 31 日，以"蟳埔簪花围""泉州簪花围"为主题的高赞视频主要集中于 2023 年 10 月至 2024 年 2 月。例如，抖音账号"胡阿小小"发布的 3 条相关视频累计点赞超 760 万；抖音账号"锅盖 wer"的 1 条体验视频点赞量高达 572.5 万；抖音账号"黑黑草莓"在几日内发布的多条簪花体验视频总点赞数超 780 万；抖音账号"任胤菘 w"发布的男生体验视频累计点赞超 449 万（以上数据截至 2024 年 3 月 31 日）。查阅抖音指数、微信指数和百度指数数据可知，**"泉州簪花围"在 2023 年 12 月和 2024 年 2 月两个时间段两次达到峰值，成为各大平台全民热议的话题。**

（四）从流量到留量的旅游发展新动力（2024年2月至今）

截至2024年3月31日，以"泉州簪花"为话题的抖音视频总播放量到达了2.9亿次；快手平台数据显示，2024年春节，蟳埔簪花的相关播放量同比增长超过3000%。簪花围热潮极大提升了泉州旅游吸引力，并促进了当地文旅深度融合发展。2024年春节和元宵节期间，蟳埔民俗文化村接待游客36.1万人次，旅游收入超7000万元，均创历史新高。丰泽区共接待游客181万人次，同比增长260%，其中蟳埔村接待游客数占丰泽区总接待游客数的三分之一，酒店入住率近96%，旅游收入近19亿元，同比增长144%，带动餐饮消费增长51%，六大综合体销售额增长11.6%。2024年"五一"期间，泉州市累计接待游客558.21万人次，同比增长82.51%；游客旅游总花费50.6亿元，同比增长146.83%，蟳埔村日均游客达6万人次，单日最高人数突破8万。**蟳埔簪花围真正实现了把"流量"转化为"留量"。**

2024年"龙腾东海·福满泉州"民俗踩街活动蟳埔女亮相

二、多主体、多力量共创价值助力提升城市旅游吸引力

蟳埔簪花围的出圈让我们看到了包括政府、明星、网红达人、村民等多个主体共同参与、共创价值的过程和模式，**形成了"政府支撑和引导，市场运作和推动，居民参与和投入"的城市旅游吸引力提升机制。**

（一）政府的支撑和引导

无论是物质文化遗产还是非物质文化遗产，政府在保护、传承与弘扬中华优秀传统文化中都扮演着关键角色。泉州在 2021 年 7 月 25 日成功跻身《世界遗产名录》，以"宋元中国的世界海洋商贸中心"之名，成为我国第 56 项世界遗产，这背后离不开泉州政府的资源调配和战略规划。泉州不仅是闽南文化的核心，也是国内唯一拥有联合国认定的三大类别非遗项目的城市，当地每年通过举办国际木偶节、南戏展演、南音大会唱等交流活动，有效提升了其非遗和传统文化的国际影响力。

政府在推动蟳埔簪花体验旅游发展中起到了至关重要的支撑和引导作用。2008 年，蟳埔女的簪花习俗被列入国家级非物质文化遗产名录。多年来，市级和区级政府通过多项扶持政策，为蟳埔女的簪花习俗提供了资金、技术、人才及宣传支持。2024 年，泉州市委宣传部，泉州市文广旅游局，泉州丰泽区委、区人民政府通过主办"海丝·蟳埔"国潮非遗文化节等多项活动，再次提升了簪花围的知名度。尤其是在非遗文化节期间，政府深入挖掘当地非遗文化优势，打造"簪花围"等城市文化 IP，并引入影视、时尚等跨界资源，为簪花围旅游体验的持续发展提供了强有力的支撑。此外，丰泽区政府采用"指挥部＋公司"模式，并投资 2 亿元推动簪花围相关旅游项目，为蟳埔村簪花体验旅游的后续发展奠定了坚实基础。

（二）市场的运作和推动

蟳埔簪花围的强势出圈，也是市场力量强有力推动的直接结果。赵丽颖等明星的广泛影响力显著提升了蟳埔簪花围的公众认知度。"今生簪花，来世漂亮"的美好寓意在社交平台迅速传播，激发了大量游客对体验蟳埔簪花围的旅游兴趣，使得蟳埔村成为炙手可热的旅游打卡点。据泉州市文化广电和旅游局的数据，自赵丽颖簪花照片在网络上走红以来，蟳埔村的簪花围店铺数量呈现爆发式增长，极大促进了当地文旅产业和经济的蓬勃发展。赵丽颖的簪花围制作师黄丽泳的工作室，从原本每月不到 10 位顾客的冷清状态变为日均接待量高达 500 人。

网红达人们通过抖音等平台对蟳埔簪花围实现了短时间内的集中曝光。 自 2023 年 10 月起，众多网红纷纷发布簪花围体验视频，内容涵盖体验流程、服务详情、店铺推荐及打卡地点等。众多男性网红也积极参与簪花造型的体验，打破了传统观念中簪花为女性专属装扮的刻板印象。这种创新尝试不仅为蟳埔簪花围注入了新的活力，也使其更加包容和多元，吸引了更多男性游客前来体验。知名网红和达人共同创作和上传的簪花围体验视频，不仅丰富了传播渠道，也提升了内容的多样性。蟳埔村的统计数据显示，在节假日期间，蟳埔村每日吸引的游客量高达 3 万人次，高峰时期更是突破 5 万人次。这些游客主要通过小红书、抖音、微信等社交媒体平台了解到簪花之美和泉州之魅，并通过这些平台及朋友推荐预订相关服务。

旅拍、妆造产品在推动蟳埔簪花围强势出圈中也扮演了关键角色。 起初，当蟳埔簪花围开始受到公众关注时，当地村民敏锐地捕捉到了商机，纷纷开设簪花体验店。这些店铺以蟳埔女传统服饰和赵丽颖同款旗袍为主打，为游客提供传统的簪花、妆造和拍照服务，使游客能够亲身体验并感受这一独特的民俗文化。随着簪花围的火爆出圈，其影响力迅速扩散至全国。全国各地的旅拍店纷纷涌入蟳埔村，带来了多样化的拍照、妆造和服饰搭配风格，给当地市场注入了新的活力。根据泉州市文化广电和旅游局数据，蟳埔村现有簪花旅拍 310 家，其中簪花店有 133 家，旅拍店有 177 家。许多簪花店与旅拍化妆师、摄影师建立合作关系，或者直接与旅拍店联手经营，多数店铺也从原来单一的簪花服务转变为簪花、妆造、旅拍的综合性服务店铺，越来越多的游客来到泉州体验簪花围"一站式"服务。随着游客数量逐渐增加，当地的旅游业态布局也变得更加多元，涵盖服饰、文创、老字号餐饮、潮流饮品、酒店和民宿等，丰富了游客在泉州蟳埔的旅游体验，促进了当地文旅深度融合发展。**我们可以看到，市场推动力的显著作用之一是使蟳埔簪花围从地方性文化现象迅速发展为具有全国影响力的旅游品牌。**

（三）居民的参与和投入

居民的积极参与和投入是泉州文旅发展的关键。 赵丽颖簪花围照片引发网络热潮后，蟳埔村内簪花围店铺数量从不足十家迅速增至百余家。村民们积极参与转型，将自家房屋改造为簪花店铺，亲自为游客簪花和装扮，让游客能在短短十几分钟内就能摇身一变成为靓丽的"蟳埔女"和"蟳埔男"。不少泉州年轻人也选择回到蟳埔村开设餐饮店，当地居民也与外来的摄影师和化妆师们合作用村里的房屋开设店铺，为游客提供专业的跟拍和化妆服务。当地负责人表示，短时间内蟳埔村新店频现，游客量持续高涨，这一变化不仅令人惊喜，也充分证明了泉州文旅发展的巨大潜力。值得一提的是，尽管簪花围在全国范围内广受欢迎，但体验一次簪花仅需40元，即使是泉州古城的簪花店也保持着同样的价格，这无疑为游客们提供了更加实惠的旅游体验。

三、泉州蟳埔文旅深度融合发展的启示

目的地文旅深度融合发展离不开市场力量的推动。市场是推动泉州非遗特色和传统文化传播的核心力量。明星与网红的广泛宣传和社交媒体的传播效应迅速提升了以簪花围为特色的蟳埔女穿扮文化的知名度和公众认知度，让越来越多的游客看到簪花之美、了解泉州之魅。此外，市场还是游客获得参与感与体验感的关键供给者，通过提供旅拍、妆造等多样化服务，游客能够亲身体验非遗的魅力。这些配套的服务吸引越来越多的游客来闽、来泉体验蟳埔女穿扮文化，让蟳埔非遗"活"起来，泉州旅游"火"起来。更重要的是，市场作为主力军，完成了整个旅游产业链条的构建与完善。从簪花体验店的开设到"一站式"簪花服务的形成，市场运作推动了当地文旅产业的蓬勃发展，实现了文旅深度融合发展。

城市旅游发展要讲好特色文化故事，非遗转化为时尚元素的过程，实际上体现的是游客对传统文化的认同和自信。习近平总书记在党的十九大报告中指出："文化兴国运兴，文化强民族强。没有高度的文化自信，没有文化的繁荣兴盛，就没有中华民族伟大复兴。"这也深刻揭示了文化自信对于国家发展和民族振兴的重要性。泉州簪花围能成功吸引公众关注，离不开泉州人民坚持讲好特色文化故事和游客对传统文化的坚定自信。目的地城市成功地将特色文化故事讲述给游客，并将非遗文化转化为旅游资源，这不仅吸引了更多游客关注和喜爱我国传统文化，还有力地推动了非遗文化的广泛传播与深入普及，进而促进了旅游业的高质量发展。

穿扮已成为现代旅游的重要内容和动力，尤其在泉州蟳埔村的簪花围习俗中体现显著。游客不仅可欣赏簪花的美丽，还能在蟳埔女的指导下体验簪花围发饰，深入体验并感受这一传统习俗的魅力。此外，惠安女和蟳埔女的服饰亦成为重要旅游吸引物，吸引游客穿着体验并拍照留念。穿扮旅游体验在我国的其他地方也同样受欢迎。如贵州苗族银饰、云南彩辫、四川彝族火把节服饰等，以及唐装、汉服在西安、杭州等地蔚为大观，均展现了丰富的民族风情和中华文化内涵。游客通过穿扮体验，不仅能丰富旅游经历，更能深入了解中国各地特有的传统文化，与当地人民建立深厚情感。穿扮已经成为除了传统的旅游六要素之外的另一个重要旅游内容和动力。

"真诚"和"释放善意"是旅游目的地火爆出圈的重要原因。正如中国旅游研究院院长戴斌所

说,"不论是山东淄博、贵州村超,还是泉州的簪花围、哈尔滨的冰雪,都有一个关键词是'善意'"。这些目的地的成功均非偶然,而是政府和市民等真诚待客和释放善意的必然结果。以泉州簪花围为例,在蟳埔村,大部分簪花店铺都有多名手艺精湛的阿姨,为游客提供专业的簪花服务,确保每位游客都能在短时间内完成簪花和服饰搭配。从2016年至今,在泉州各地簪花体验和服装租赁的价格始终保持在一天40元/人,充分展现了当地政府积极发展文旅的决心和商家对游客的真诚。此外,由于蟳埔村的正常公交线路在晚上7点就停运,大量游客拥入后,蟳埔村还开通了夜游巴士,为游客提供免费接驳服务。根据主路口游客量的多少,蟳埔民俗文化村保护提升指挥部调度更密集的公交车,确保游客在10分钟左右的时间就可以等到公交车。这些都表明城市旅游的发展并非一蹴而就,要将"网红"变为"长红",需要目的地真诚对待游客、真心做好文旅工作。

游客簪花

游客簪花(张晓东摄)

作者简介:

崔昕,博士,中国旅游研究院(文化和旅游部数据中心)政策与科教研究所博士后。

宋子千(通讯作者),博士,中国旅游研究院(文化和旅游部数据中心)政策与科教研究所所长。

特写

文化数智化
——高炽海对话金东数创周安斌

对话时间：2024年6月2日
对　话　人：高炽海
　　　　　　周安斌

齐白石沉浸式数字光影艺术展五出五归

高炽海：你们提出"金东数创这个企业是**定位于文化数字化的企业**"是什么时候？

周安斌："文化数字化"这个词是国家首先提出，我们才开始说的。但我们一直在做的就是这件事。从我们20年前创业到现在始终做的就是**文化科技融合**。金东数创是一家科技型企业，最底层的技术就是三维系统。只不过20年前三维偏数字内容，10多年前市场的需求开始越来越复合和复杂，不仅要有数字内容，还需要声光电体验的总集成，包括硬件、数字内容的集成、控制系统及特种设备等。不变的是我们一直做的都是文化科技融合创新，服务于文旅、文博、文娱等领域。

当国家提出"文化数字化"这个词后，我们认为它比文化科技融合更准确，就开始使用这个概念了。

高炽海：然后你提了三句话——"**文化IP化**""**IP数字化**""**数实产业化**"，怎么理解？

周安斌：先说"文化IP化"。中国的文化源远流长，博大精深，但我们比较缺少文化IP开发运营这个环节。这几年我们看到国潮崛起，表明中国的年轻人对中国文化很认可，但是在这个过程中没有形成一些特别好的大IP。唐文化、宋文化这些都是很泛的，不是具象的符号，也不是具有形象化的体验方式。就像我常举的一个例子，功夫是中国的，熊猫是中国的，但"功夫熊猫"这个IP是美国的。**不是说我们的文化不好，而是我们缺少把它IP化的一个过程**，我认为这恰恰是中国文化数字化里面产业级的机会。这就是我们提的"文化IP化"。

至于"**IP数字化**"，本质是说IP的打造，要**以年轻人喜欢的表达方式去形成体验和传播。这里，最重要的是数字化的表达、体验、传播方式。**国外做IP，大概率是从影视开始，有了知名度之后再做周边，而对于我们自身来讲，做文化IP的数字化实景娱乐是我们能力所及的，我们希望能从这种方式探索出一条打造IP的新路径。

高炽海：你们觉得这种数字化体验的方式是可以走通"文化IP化"这条路的？

周安斌：对。因为我们做的都是强体验类型的产品，这是非常有利于打造IP的。尤其是AIGC迭代发展和苹果"Vision Pro"头显的发布，都将极大地降低文化IP开发运营成本，极大地提高IP内容的生产效率。这个时代的开启，对于文化数字化涉及的文旅、文博、文娱等行业都会有非常深刻的影响。

高炽海： 我觉得你们提出的"文化IP化""IP数字化"涉及好几个问题。**第一个问题肯定是对于文化的选择问题，选择什么样的、有可能变成一个优质体验产品的文化。第二个问题才是这个体验产品究竟长什么样子。第三个问题是怎么进行IP运作。第四个问题是最合适的数字技术应该是什么。**

我们逐个来说。比如说你们做了"齐白石数字艺术展"，是选择了中国一个非常著名的画家齐白石，把他的作品做了解构和重构。那么对于你们的"文化IP化"，是在客户接触中间遇见什么文化，你们就对这种文化进行挖掘呢，还是你们是有意识地选一些比较重要的文化方向？

周安斌： 客观来讲，我们是两条腿走路。一条腿呢，基于我们企业的生存发展，客户有什么文化需要，我们就给他做好文化演绎。另外一条腿呢，是我们自己主动去选择中国有重大影响力的、有深厚发展潜力的文化内容。

因为我们是一家文化科技公司，我们自己原本没有IP，不像迪士尼那种有众多IP的企业，所以**我们现在的文化选择主要是借势，就是借大文化IP**。比如殷墟甲骨，大家都知道，然后我们在这个文化里面选择"妇好"，把"妇好"具象化打造成为一个人物IP，再沿着"妇好"去做线上的体验传播和线下文博、文旅、遗址等场景的体验传播，这就是"数实产业化"的大逻辑。如果这个文化没有知名度，我们很难打造出来。

高炽海： 借用一些强势的文化，或者是有比较大市场受众的文化，文化选择的这个逻辑完全可以理解。

高炽海： 再谈一下如何创造体验产品。

我今天看了你们"奇幻海世界"这个项目，里面有多种体验类型，有光影性质的，有更高级一些的LED立体球幕电影，有交互游戏，还有XR类型的，等等。所有这些体验产品，都是你们自己的创意吗？

周安斌： 是的，整个"奇幻海世界"或者说**"数字海洋"**这个方向是我们多年研发的成果。我们实际上是开创了海洋文化旅游的一个新品类，中国原来只有水族馆，没有"数字海洋"这个品类。

"数字海洋"这个名称可能还没有定论，但大方向是很清晰的。我们2019年开始和中科院海洋所合作，它有70多年的历史，在中国对于海洋生物领域的研究是最权威的，也拥有亚洲最大的深海动植物标本库。前两年以中科院海洋所为主体的中科院 11 个涉海机构，组建了"中国科学院海洋大科学研究中心"，就在青岛。客观地说，青岛目前是中国海洋科研最高地，我们做"数字海洋"有非常深厚的城市科研基础。再加上我们青岛人对海都有很深的情结，在七八年前我们认为公司能力和资源逐渐有条件了，就开始研究数字海洋产品。**与中科院海洋所成立"数字海洋科创技术联合实验室"后，开始体系化地做技术研究和产品开发。**

高炽海：这个联合实验室具体做什么？

周安斌：一方面是围绕着中科院海洋所 70 多年的海洋科研成果，一方面是研究国内外数字海洋的发展，结合我们对市场的洞察和调研，去做创新化的技术和产品开发。

同时，我们这几年做了很多城市的海洋科技馆项目，像威海海洋科技馆、青岛海洋科技馆，都有 2 万~4 万平方米的规模。在这些项目中，我们很多研究、想法就试验落地了。所以说从我们想做海洋的事情，到技术研发再到项目试验落地，再到今年您看见的"奇幻海世界"，这就是我们在"数字海洋"领域走过的历程。

海上皇宫"奇幻海世界"是我们里程碑式的一步，在产品端，下一步我们会做数实结合的海洋

海上皇宫"奇幻海世界"

馆，就是有些水体，不是大水体，是小水体的。在市场端，因为海洋无国界，海洋是全球化的文化，我们希望数字海洋的产品在未来形成一个全球化的品牌，在中国乃至全世界，我们认为它都有很好的发展空间。尤其在国外普遍认为水族馆是虐待动物，已经比较抵触的情况下，"数字海洋"是一种非常好的替代解决方案。

高炽海：你们和海洋所的合作，是不是把海洋的很多东西，比如海洋生物、海洋考古、海底的地形地貌、在不同海洋深度之下展现出来的不同景观等，先数字化？

周安斌：这是其中的一部分，我们的数字海洋涵盖的范围更大，包括远古的、微观的、深海的、神话的、科幻的等。在产品上，青岛的这个项目叫"奇幻海世界"，在西海岸新区做的一个新项目叫"艺术海世界"，威海那个项目叫"科幻海世界"，每个项目都有不同的主题。"艺术海世界"里面就没有那么多真实的生物，更偏向于海洋艺术化。"科幻海世界"偏主题娱乐，更沉浸更刺激。而"奇幻海世界"，里面的深海区域完全是根据科研成果开发出来的。所以**我们的产品根据主题方向不同会有差异性，跟海洋科研相关的，我们就完全按照科研成果去开发，另外一些只要是符合科学方向就好。**

高炽海："奇幻海世界"的各种体验产品，是从国外或者其他之前已有的项目中学习而来的多呢，还是自己独创的多？

周安斌：自己独创的占大多数。我们在这个行业干了很多年，整天就研究国内国外最好的东西，而且这些年持续做了很多与"数字海洋"相关的项目，对这方面有很深的理解和很多的技术产品积累，逐步形成了"数字海洋"系列产品。

像"奇幻海世界"，有深海、远古两个主题，远古主题有苍龙等，深海主题有热液冷泉等，然后我们把不同的板块用创新的理念和前沿技术结合起来，形成一些合适的体验方式。

另外，每个项目都还有在地的文化属性。每个城市都希望你不要做一个跟它一点关系都没有的项目。在不同地区的产品，**我们既要有一部分同质型的东西，又要有一部分结合在地特点的东西。这样做，对于游客来讲有吸引力，对于本地居民来讲有亲切感，主客两便。**

高炽海：我总结一下，就是要有很深的研究，以及对一个市场的客群有透彻的了解，然后去做创意。

你们做的"齐白石数字艺术展",**独特的地方是解构再重构**,这个解构再重构的方法究竟是什么?你们把齐白石画里的一些元素提炼出来?

周安斌:首先我们是把海量的齐白石书画作品数字化,形成大量的数据资产,这是解构。

重构的过程中有不同的方式方法。比如"万竹山居图"场景,是通过数字化背景加上一些造景、机械,还有雾森这类东西,形成了齐白石画作的一个意境。构建画境,这是一种成功的方式。还有"一花一世界",相当于把齐白石作品中的花卉、蔬果、百鸟、草虫等,都提取出来,再通过沉浸式的方式形成一个新的艺术表达方式。

另外,在成都巡展站,我们还做了一个AIGC(生成式人工智能)的体验项目,底层是齐白石画作大模型,小朋友们自己绘制,可能画得不好看或者不太细致,但是AIGC会让他画的简笔画也能变成齐白石的画风。这是AIGC和UGC(用户生成内容)结合创作的新方式。

我们做了不同的构建方式,从齐白石的画风意境到他的人生履历,我们都做了深度的策划和呈现,给游客带来了深刻、生动的体验感受。

齐白石沉浸式数字光影艺术展万竹山居

特写

"齐白石数字艺术展"是我们和中展（中国对外艺术展览有限公司）、北京画院三方合作的。北京画院本身就是齐白石老先生晚年国家给他安排的一个工作环境，也是目前国内齐白石画作最多的收藏地，他们对齐白石有很深入的研究。中展本身承担了中国文化展示传播的责任。我们三方的合作各有资源、各有优势，整体来看还是很成功的。

高炽海： 日本 Teamlab 你看过吗？

周安斌： 看过。

高炽海： 它在视觉上把日本的文化元素展示得蛮好的。你们在做的像"齐白石数字艺术展"这类作品，如果和 Teamlab 的展览比，你觉得有哪些做得比他们强的地方？

周安斌： 强不敢说，但我可以说说差异化的地方。

Teamlab 更偏光影艺术展，主要是光影艺术的表达，这属于多媒体技术序列，靠声光电多媒体技术手段，而我们做的是文化数智化表达。比如对于齐白石主题，我们首先是海量画作的数字化，再进行专属私域模型训练，所以项目中有很多 AIGC 的体验应用。我们认为**光影艺术主要的特征是视觉上的美、震撼，而数智化的主要特征是基于文化大数据的沉浸体验和交互**，在线上端也做了很多的开发，做到"线上线下一体化，在线在场相结合"，这些都是差异化的地方吧。

数智人"妇好"

城市数智人"青岛小嫚"

高炽海：我觉得数字化形成了你们产品 IP 化的底座，或者说是平台，这的确是你们在国内比较独特的地方。

谈一下数智人吧。我了解你们最初为中山路做的数智人后来成为青岛的品牌形象代言人"青岛小嫚"。后来还和安阳殷墟合作了数智人"妇好"。为什么要做数智人？它具体有什么意义？

周安斌：中国最早的超写实城市数智人，应该就是"青岛小嫚"吧。我们已经投入了几百万元。当初为什么做呢？这涉及我们对未来的判断。

现在我们处在移动互联网时代，而下一个时代将是三维互联网，它无论叫 Web3.0、叫元宇宙还是叫空间计算，本质上都是人类将在真实的物理空间、数字世界和数实混合世界这几种不同的状态下自由穿梭，这已经不是科幻而越来越接近现实。

在这近在咫尺的未来生活状态中，我们跟数字世界的交互界面会有几种。第一种界面是头显，有光学透视的、有图像透视的、有 MR、有 VR。例如苹果的 Vision Pro，通过一个旋钮实现了 MR 和 VR 之间的自由切换。第二种界面是数智人和机器人。二者的差异是，数智人要借助一个电子屏幕显示出来，而机器人是能自由行走的，机器人在本质上就是数智人加上一个能行动的躯体。数智人和机器人这两年发展很快，这也得益于 AIGC 快速发展的强势推动。第三种界面是脑机接口，它的普及可能需要更长的时间，目前主要在医疗领域探索应用。

头显不用说，我们已经用它做了很多产品，比如"奇幻海世界"中的 MR 互动游戏，还有崂山文化展示中心的 VR 全感互动剧场，等等。而城市数智人，我们认为它的影响更深远，但也更难。

高炽海：要达到数智人那一步，**可能需要在类似 ChatGPT 这样的通用人工智能底座上面来做。**

周安斌：对的。我们这类企业不具备基础大模型能力，**做的还是行业垂直训练、垂直应用。**

高炽海：你们所做的"妇好"或"青岛小嫚"，到今天为止，还只能说是数字人，如果到了数智人的阶段，你觉得对于文旅行业会产生怎样的影响？

周安斌：可能展望得稍微有点远，但我认为一定是未来的趋势。

中国之前的 30 年属于观光旅游阶段，旅行社是组织旅游人流的主要媒介，最近这 10 多年，自驾游变成一个大趋势，底层的逻辑是移动互联网公司的崛起，他们把信息的边际成本几乎变成固定成本，把生产和消费需求拉通，替代了传统的旅行社。

下一个10年人类将进入大模型时代，大模型智能体将一定程度替代人脑，它有长期记忆，可以推理，可以学习，可以使用工具。在现在的移动互联网阶段，订酒店可能查携程，上哪儿玩可能查小红书，想吃啥可能查大众点评，这些APP都是给你提供信息，需要你自己思考和决策。在接下来的大模型时代，你来青岛，只要和"青岛小嫚"对话，比如你说"我在青岛待两天，我有什么样的偏好"，它就把刚才那些APP的知识打通，根据你的偏好来帮你规划吃喝玩乐购。如果她对你的数据掌握得更多，就能更加精准、更加个性化地帮你制订出行规划。

我们认为未来每个旅游城市都会形成数智化的旅游体系，它面向游客最好的交互界面就是数智人，它们将成为城市组织旅游人流的新方式，也将引领文化旅游进入数智化时代。

就拿青岛来说，目前每年有1.3亿以上的游客，未来这1.3亿游客的大多数可能都会愿意通过"青岛小嫚"来帮他们做出行服务，包括旅行推荐、旅行规划、讲解介绍等。

我们认为类似"青岛小嫚"这类城市数智人，本质上标志着**城市进入数智化的文化旅游时代**，这是我们能看到的一个方向。

虽然这个领域还处在萌芽阶段，但我们认定未来它一定是重要的方向，所以这几年我们持续地投入。比如"妇好"，是我们和国内研究"妇好"的专家唐际根老师团队双方共同投入研发的，现在已经是安阳市官宣的城市数智人。

高炽海： 我感觉，你们同时在做两方面的事，虽然都是在文化数字化的大背景之下。一方面，你们做了很多数字化方式的体验产品，而不仅是光影的方式。比如"奇幻海世界""齐白石数字艺术展"。另一方面，你们在做体验产品的过程中，同时构筑了一个文化大数据基础，开始发展城市数智人这个方向。

但数智人这件事，**很大程度上涉及产业链的重构**，是整个文化旅游的产业链。比如说"青岛小嫚"，可能今天更多是一个数字形象，先有一个IP，后续随着通用人工智能的发展，会在这个IP形象之下，把整个城市的产业链体系重构一遍。

在一定程度上，我觉得数智人这个雄心是更大一些的。

周安斌： 我们认为数智人是下一代三维互联网新的流量入口，因为人性是懒惰的。现在你通过 APP 看了很多信息，还要自己再考虑考虑，未来连考虑这事也有人帮你做了，你只要更简单地做选择就行了。

高炽海： 但是这也可能是难度最大的一部分，因为它涉及基础的大模型及整个产业链重构的问题。

你觉得这种基于元宇宙或者说新的人工智能，使一个城市的旅游产业体系发生相对大的变化，可能需要多少年才能实现？

周安斌： 我比较乐观，我认为三五年就能看到雏形。尤其是像安阳、平潭这样的旅游目的地，面积不大，游客没那么多，相对来讲比较容易落地。像青岛会难一些，因为城市规模体量相对各方面都比较复杂，可能需要更长的时间。从 2022 年推出"青岛小嫚"到目前为止，主要还是在线上做城市宣传，在线下一些终端与人有初级的交流，在城市里还没有完全铺开。

高炽海： 现在 VR、MR 等这些设备还有很大的障碍吗？延迟、眩晕感等问题，现在解决得都比较好了吗？

青岛中山路裸眼 3D 大屏

周安斌： 随着技术的突破，原来头显眩晕和延迟这类问题现在都已经解决得差不多了。去年，苹果发布了 Vision Pro 这款具有里程碑意义的产品。它颠覆式地通过一个旋钮可以自由切换 MR 和 VR 状态。性能上，通过自研芯片和两块 4K 的 OLED 屏幕，达到了超强的计算能力和超视网膜级的分辨率。随着苹果选择"图像透视"这个技术方向，现在很多大厂都在跟着走，未来头显在成本、性能等方面都会有大幅度的持续提升。

我们看过一个数据，未来五年全球将有 1 亿台头显，未来十年全球将有 10 亿台。也就是说，三五年以后，头显必然会变成人们新的消费电子设备。而头显硬件的普及又会推动内容的快速发展，三维互联网的到来只是时间问题。

未来硬件不是主要问题，制约的可能是内容，就是大家用头显干什么。我们为什么这几年全力做这件事，就是基于我们对未来的这个认知。再加上金东数创这 20 多年就是做三维内容的，从最早的三维动画到现在的 XR，都是三维内容，只不过现在有一个很大的变化，就是现在所有的东西都要加 AI。**任何的内容和体验，任何的产品，不再是一个单纯体验，而是要 AI 化和大数据化，这是多媒体类产品和下一代数智化产品的本质区别。**

高炽海： 你提到你们现在每年把收入的 8%~10% 投入到研发中，主要是研发什么？

周安斌： 我们作为企业，做的主要是技术产品。底层技术研发做得不多，主要聚焦在基于 AI 和 XR 的创新性数智化产品。

高炽海： 十年前我去硅谷，看了圣何塞的创新技术博物馆，当时就已经看见了很好的光影交互技术，孩子们直接就玩起来了。你们的这些技术研发，全球最先进和最新的技术占多大比例，转化为产品应用占多大比例？

周安斌： 举个例子，比如融合播放系统，原来都是国外的，买一套需要六七十万元，后来我们从底层技术到产品整合研发完成后，所有的融合、编码、播放全都实现了自主化。另外比如 VR 全感交互产品，大空间定位的那些技术原来都是国外的，现在我们也都实现了自主化。

客观地讲，目前国外很多技术比我们领先，**我们现在的研发一类就是国外技术的替代，主要是在通用型技术上。**比如我们每一个项目都需要融合播放，那这类东西我们就一定要自己搞定。

我们的另一类研发是技术产品化，比如 AIGC 的绘画跟人的绘画结合。"齐白石数字艺术展"中就用到了。我们的"奇幻海世界"里面也有个产品,你画条鱼,可能就画了几根线条,AIGC 就帮你加上颜色、纹理,贴上背景,生成一个很有艺术范儿的作品。这是 AIGC 和 UGC 的共创。这类研发是出于我们对市场的洞察,年轻人和孩子们很喜欢,也能够在线上形成很好的自传播。

高炽海: 最后我想聊一下,你们处在一个比较特殊的行业,文化数字化领域。这一方面需要有很强的文化创意能力,另一方面又需要有很强的应用技术创新能力。国内这个行业现在普遍存在什么样的问题,或者说有什么亟待解决的问题?

周安斌: 这件事情,不同的企业考虑得可能不太一样。像我们民营企业,原来大家都要规模化增长,就是以承揽更多的业务为重。但现在,从我们自身来讲,我们的发展战略是"数字化战略""IP 化战略"和"全产业链战略"。我们认为这既是企业自身要做的转身,也是市场的一些普遍需求。

数字海洋

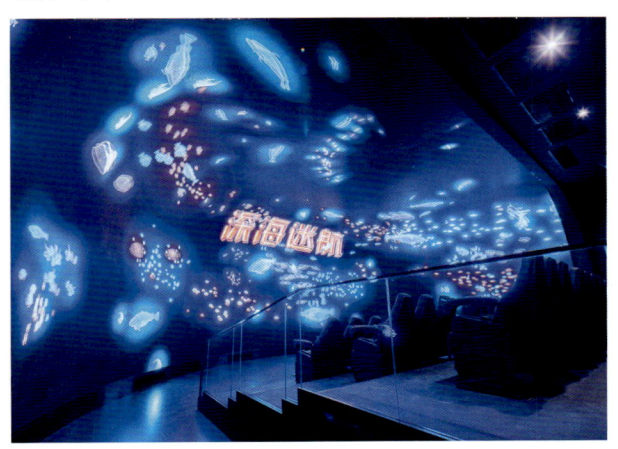

我们这类企业原来接政府类项目比较多一些,现在看,**政府投资主导偏公益类的项目会越来越少**。政府也越来越讲投资回报。而且,**这种项目型的业务模式,未来也会有很大问题,因为缺乏持续性**。所以我们这些年花了大量的时间精力和资金资源去做 IP 化,就是我们非常坚定地必须要做转型,要形成一些自己的 IP 产品,要形成能够持续运营的一些业态。

对我们来讲,就是定位在文化数字化 IP 开发运营,坚定地、持续地做下去,我们相信就一定会有更美好的未来。

高炽海: 你们这个思考,就意味着金东数创这个企业更准确的定位,**应该是以极强技术能力为基础的、文化的创造和运营企业。**

作者简介:

高炽海,《中国旅游评论》联合主编。
周安斌,金东数创董事长、清华艺科院数创中心主任。

江西吉安奋力打造中国红色旅游首选地

李瑞峰

江西吉安是中国革命摇篮井冈山所在地，孕育了跨越时空的井冈山精神。作为全国著名的红土圣地，吉安深入贯彻习近平文化思想和习近平总书记对旅游工作的重要指示，率先践行"第二个结合"，奋力建设全国红色基因传承示范区，全力打造全国红色旅游精品城市和全国红色旅游首选地。"十三五"期间，吉安市红色旅游接待人次和综合收入均保持两位数的增长，位居全省前列。2024年1~5月，吉安市红色旅游接待游客1749.1万人次、红色旅游综合收入163.51亿元，同比2023年分别增长11.60%、15.31%。

多年来，吉安市持续建设、发展红色旅游，概括起来，主要做了三个方面的工作。

一是保护与利用并重，让红色资源"活"起来。 在红色资源"建""管""用"上下功夫、出实招，切实守好红色"家底"，挖掘资源"富矿"。

注重顶层统筹。 深入实施"全景吉安，全域旅游"战略，成立了市委主要领导为第一组长、市政府主要领导为组长的推进工作领导小组，建立健全联席会议机制，定期统筹调度推进红色旅游发展。高质量编制《吉安市"十四五"文化和旅游发展规划》《吉安市全域旅游发展规划（2022—2035）》等文件，**明确提出打造"中国红色旅游首选地"和红色旅游强市发展目标，** 出台招商扶持、人才培养、用地支持、资金奖励等10余项政策，制订全市旅游高质量发展实施意见及奖补办法，为红色旅游发展"保驾护航"。

落实保护第一。 全市806处不可移动革命文物列入江西省革命文物名录，位居全省首位。**2020年颁布了江西省首部红色文化遗存保护地方性法规《吉安市红色文化遗存保护条例》，** 在全省率先出台《吉安市全国重点文物保护单位保护责任包干工作制》，井冈山片区革命文物保护利用工程列入国家文物局首批革命文物保护利用重大工程项目。实施"文物长"制文物平安工程和文物数字化保护工程，井冈山革命博物馆与江西师范大学共建革命文物协同研究中心，推动红色文化遗存保护传承。全市争取赣南原中央苏区国家重点文物保护专项补助资金项目287个，累计获得中央补助资金3.61亿元。

释放发展潜能。 全力打造市级旅游投融资平台，组建吉安市文化旅游投资发展集团有限公司，积极引进国内头部文旅企业，探索旅游景区所有权、管理权、经营权"三权分离"开发模式，激发发展活力。精心打造红色旅游精品线路，"井冈之路·星火燎原"精品线路入选全国"建党百年红色旅游百条精品线路"，井冈山市获批为"全国红色旅游融合发展试点单位"，

特写

在全国红色旅游经典景区网络热度排名中，井冈山多次荣膺第一。完善红色旅游交通管网，宜井遂高速建成通车，串联山上山下景区的8条旅游快速通道开工建设，吉安高铁西站至井冈山景区红色旅游直通巴士开通运营，红色旅游景区标识标牌实现国省道全覆盖。提升红色旅游体验，在全省率先推出井冈山革命博物馆AR智能眼镜导览服务，为游客带来"数字+科技+文博"的沉浸式游览新体验。完善数字文旅基础设施，"云游吉安"智慧平台和智慧文旅监管服务平台建成运营。

二是示范与引领并行，让红色旅游"火"起来。 统筹推进红色教育培训与红色旅游融合发展，推动"井冈红培"持续做示范，红色旅游持续领跑全国。

红色教育培训示范性持续凸显。 持续推动"**全国红培看江西**""**江西红培看井冈山**"成为业界普遍共识。成功承办全省红色教育培训工作现场交流会，吉安6家红培机构获评"江西省十大先进红色教育培训机构"。井冈山成功获评首批"中国研学旅游目的地"，"井冈山推动红色教育培训高质量发展的生动实践"入选"全国红色旅游发展典型案例"。中央广播电视总台红色基因传承实践基地落户吉安。拓展延伸运营"三山两湖"红色专列，3万余人乘坐专列。组建全国职业院校红色文化育人共同体，成功入选文化和旅游部学生实践引领计划项目。成立吉安市红色教育培训协会，出台《吉安市红色教育培训管理办法（试行）》，实施红色教育培训国家标准创建行动，首创融培训、参与、体验为一体的红色培训"井冈模式"，每年接待培训超40万人次。

红色旅游引领性持续增强。 实施全国红色旅游融合发展示范区创建行动，统筹发展红色研学、红色培训、红色旅游等产业，精心打造23个国家级红色旅游景区、39个红色乡村旅游点，努力构建大井冈红色旅游圈。策划融入数字场景，建设笔架山红色情境体验园、数字博物馆、元宇宙"境界·井冈山"、直播经济大楼等数字化体验项目。策划提升国防教育体验，高水平打造井冈山青少年军校。精心研发红色文创产品，开发了以吉安好礼"红军小号手"文创IP、井冈山红旗、胜利的号角等为代表的红色文创产品，发布了首批红色数字藏品。

红色文化创作创新持续走前列。 推出了《星火》、《万岁军》、马家洲集中营沉浸式剧场、《遂川建政》光影秀等红色演艺。**特别是实景演出《井冈山》由600多名井冈山儿女共同演绎，** 让观众身临其境，每年演出200余场，已累计吸引30万人次观看。实施文艺精品提升工程，出台促进

大型实景演出《井冈山》

"五个一工程"文艺精品创作扶持和奖励办法,推动电影《三湾改编》《爱在井冈》《井冈星火》等全国公映,其中《井冈星火》被评为2023年度"国防军事电影盛典"优秀影片。大型吉安采茶戏《有盐同咸》进京演出,轰动京城,好评如潮,并作为江西省重点剧目参评中宣部"五个一工程"奖。

三是"引进来"和"走出去"并进,让红色名片"亮"起来。 厚植红色旅游发展优势,加大宣传推介力度,创新开展特色鲜明系列活动,推动吉安红色旅游从"资源强"到"品牌强"。

以项目为抓手,高质量建设红色景区。挖掘长征精神内涵,推进**长征国家文化公园吉安段**建设,着力塑造**"长征先遣"和"十送红军"两个红色品牌**,根据"一带三园十二点"的项目总体布局,精心谋划、储备包装一批重点项目,项目总投资近60亿元。投入建设资金2.2亿元,打造了康克清故居、舒行少将故居、贺页朵故居等一批以名人故居为核心的红色景区景点。大力开展"红色名村"创建活动,高标准建设市级以上红色名村107个,成为红色旅游热门"打卡点"。持续擦亮井冈山革命纪念地、永新县三湾改编旧址等全国红色旅游经典景区名片,全市9个红色景区入选国家红色经典景区名录,27家国家级4A级以上景区中有10家为红色景区。

以市场为导向,高频次组织宣传推介。拓展城市营销,持续举办旅游专场推介,组织开展航空旅游消费季活动,文旅惠民卡与四省十一市区域串联旅游资源，有力推动旅游资源和游客互联互通互享。赴全国各地开展"红土情深——春光灿烂·嘉游赣"暨**"红色摇篮山水吉安"**江西吉安旅游推介及文旅招商活动。其中仅广州站就现场签约亿元以上文旅项目 14 个，投资额超 98 亿元。举办首届中国游学旅行大会，与新东方签订战略合作协议，推出 4 条主题游学旅行线路，启动"百城千团游吉安"活动，已覆盖全国 15 个省份、100 余个设区市，签约目标客流量 60 多万人次。2 月 29 日，举办以"百城百旅访庐陵，百万游客进吉安"为主题的 2024 江西吉安"引客入吉"全国代理商峰会，现场签约授牌的全国代理商 50 余家。

以活动为支撑，高水平举办红色文旅活动。精心策划系列文旅活动，助力红色旅游"火出圈"，实现红色文化与旅游深度融合。成功承办 2021 中国红色旅游博览会和 2022 年江西省旅游产业发展大会，策划开展中国·井冈山红色旅游高峰论坛、全国红色旅游专列会师井冈山、红色国际马拉松赛、万人学子游吉安等系列活动，活动反响强烈。在全省首创推出"重上井冈山·再走会师路"2023 纪念井冈山胜利会师 95 周年红色文化推广季活动，以十大主题活动和 N 个子活动的叠加传播，引爆全网，总阅读量超 12 亿人次。特别是举办首届庐陵文化生态旅游节暨中国游学旅行大会活动，掀起了一波波"庐陵风""庐陵热"，40 余家大报大台大网及抖音、小红书、百度等平台密集推出信息 5600

在全省首次推出红色推广季活动十大活动之一百万师生同唱一首《映山红》音乐思政课

余条，相关话题阅读量超 5 亿人次，活动总点击阅读量达 11 亿人次，吉安城市美誉度和知名度得到有力提升，吉安的红色旅游也借势更上一层楼。

老区不老、今朝更好。吉安正以新时代赣南苏区振兴发展为契机，大力培育红色文化、绿色生态、庐陵古色三类资源融合发展的全域旅游产品体系，全力推动红色基因传承示范区建设，朝着文化和旅游产业高质量发展目标奋力前进。

作者简介：

李瑞峰，中共吉安市委常委、宣传部部长。

有为政府与有效市场的双向奔赴："中国主题公园第一县"是如何建成的

丁文霞

近年来，中牟把文旅文创作为战略性支柱产业和提升县域核心竞争力的关键支撑，秉承**"政府引导、市场化运作、群众参与"的原则**，以"三大聚焦""三个转变""三化提升"为抓手，持续推动文化传播、文创开发、文化旅游等领域破题破冰、出圈出彩。随着政府、市场之间的紧密奔赴，中牟这座拥有2700多年建县史的千年古县，实现了从"无名"到"顶流"、从传统农业大县向新兴幻乐之城的华丽蝶变，成为国内外游客体验中华文化、中原文化的必游目的地及各级领导和各界人士关注的焦点、热点。

一、"三大聚焦"破解发展难题

2012年之前，中牟还是位于郑州和开封中间的传统农业大县，由于历史上黄河多次泛滥，留给中牟的是遍地黄沙。随着第二届中国绿化博览会主会场落地中牟，中牟县委县政府抓住契机、抓住机遇，以2平方千米的绿博园为萌芽，锚定"三个聚焦"，无中生有，从小到大，全面开启"中国主题乐园第一县"的转型发展之路。

（一）聚焦做优顶层设计，培沃生长土壤

一是健全工作机制。县委、县政府不断夯实文化旅游战略地位，**把时尚文化旅游产业确定为三大主导产业之一**，成立由县委书记任组长、县长任组长的**文旅文创融合战略行动工作领导小组**，先后组织召开全县文化旅游大会、全县文旅引领县域经济高质量发展大会暨建设国家文化产业和旅游产业融合发展示范区动员会等，布局推进文旅文创融合发展建设。连续三年将文化旅游工作作为一把手工程纳入县政府工作报告，构建了县委、县政府、县人大、县政协四套班子共同推进、35个县直部门和乡镇协同发力的发展机制，并强化考评督导，建立"月通报、季小结、半年讲评、全年考核"工作推进机制。

二是注重高位谋划。坚持大视野与小广角相结合，跳出文旅看文旅，站位全省乃至全国看中牟，紧密衔接黄河国家战略、郑开同城化、郑州国家中心城市现代化建设等战略机遇，编制"3+1"规划和行动指南，为文旅文创战略架梁立柱。紧密对接《国土空间总体规划》编制，在全市率先编制完成《中牟县全域旅游发展总体规划》《中牟县文化广电和旅游发展"十四五"规划》，全面实现核心区控制性详细规划全覆盖。同时，注重借智用力、高位谋划，长期与中国旅游研究院、中国人民大学文化产业研究中心、巅峰智业、时代文旅等机构深度合作，深入研究中牟底蕴底色，科学编制总体战略、产业规划等，完成中牟特色文旅IP集群、大型主题乐园外溢价值全产业链、全域旅游发展定位等研究，聘请高端智库，整合方特、只有河南·戏剧幻城、海昌海洋公园等产业IP，构建了**"中国中牟·幻乐之城"IP品牌矩阵**。启动中牟现代服务业开发区扩区规划，以先进理念谋定发展思路、引领文旅产业发展。

三是强化要素保障。聚焦文旅龙头产业培育，创新推出"1+7"政策支持体系（"1"即《关于建设文化旅游强县的意见》，"7"即7个专项扶持办法），明确18项扶持政策措施，全面促进文化旅游产业项目集聚、内容创新。建立文旅企业与银行、风投公司等战略合作联盟，搭建资本战略合作

平台，并分阶段推进区域内102个村庄社区化改造，节约集约土地利用面积16平方千米，有效保障了大型文旅项目的用地需求。

（二）聚焦强化项目支撑，壮大品牌阵地

整合全县优质文旅资源，加强与省、市文旅投集团深度合作，成立市场化运营平台公司，中牟文旅投资集团一体化、专业化统筹联动"融、投、建、管、运"，推动资源优势互补，促进实力整体提升。**依托国家旅游科技示范园区——中牟县现代服务业开发区，集聚产业项目68个，**构建了空间比邻、内容集聚、产品联动的产业集群。先后建成郑州中国绿化博览园、方特欢乐世界、方特梦幻王国、方特水上乐园、建业电影小镇、只有河南·戏剧幻城、海昌海洋公园等**8大主题乐园，**创造了中国式主题公园现代化发展中牟现象，被誉为"中国主题乐园第一县"。同时以项目支撑集群扩大、能级提升，发挥首席服务官优势，全面发力遗留问题解决、在建项目提速、新项目谋划落地。

2023年以来，中牟县新签约项目共28个，签约额610.15亿元；新开工项目共22个，投资额461.45亿元。引入社会资本，大力推动中牟时尚小镇、开元酒店、中国大食堂等项目落地开工，华强复兴之路、建业J18、洲际假日酒店等项目加快建设，全力确保海昌海洋公园二期、希尔顿惠庭酒店、普罗步行街二期等项目建成运营，着力打造更

郑州绿博园

特写

多文旅文创新地标、硬支撑，为文旅文创产业发展注入源源不断的动力。围绕项目运营，属地、行业、公安集中力量，维护市场秩序、营造优良环境，减轻企业压力、提升游客体验。

（三）聚焦做强市场主体，做活新兴业态

清晰定位旗舰文旅项目引领发展的路径，奠定产业优势。建业文旅进入"全国文旅集团品牌影响力百强榜"，全球十大主题乐园有3家落户中牟。只有河南·戏剧幻城是中国规模最大、演出时长最长的戏剧聚落群，是传承弘扬中原文化、黄河文明的具有世界影响力的文化精品；郑州方特旅游度假区是中国最大主题乐园之一，游客接待量、总营收连年位居全国前列；建业电影小镇是中原首家电影情景文化旅游小镇，作为夜经济的发动机，再现百年郑州城市记忆；郑州海昌海洋公园是中原地区唯一的旗舰级海洋文化旅游度假区；郑州方特水上乐园位居亚太地区水上公园前20。8大主题乐园集中布局郑开大道两侧，集群效应、品牌效益全面彰显。"强链""补链"满足一站式出游需求，杉杉奥特莱斯全年营收突破21亿元，成为河南乃至中部地区奥特莱斯的代名词。奥特曼主题酒店、郑州海昌海洋公园度假酒店、喜见客栈、早晚民宿、青山后民宿等爆款文旅配套项目持续发力，以巨大游客流量促进经济增长。

郑州方特旅游度假区

二、"三个转变"提升产业质效

（一）文化铸魂，变"游客"为"常客"

坚持文化传承保护与创意创新并重，成功打造箜篌城文化遗址公园、中牟县博物馆等8个文化新地标，并依托8大主题公园，推动茑屋书店、北岛书屋、长城书画院等引领性品牌及河南歌舞演艺集团、河南省京剧艺术中心等牵引性项目加快建成，**着力构建"室内剧场、巡回演出、实景演出、戏剧聚落群"业态互补、错位发展的演艺生态**。《幻城》《李家村》《火车站》《一路有戏》《穿越德化街》等一批精品演艺剧目，从根本上改变了河南历史文化深埋在地下、深藏在书本中、缺少展示载体的现状，开辟了河南在中国演艺市场上多个里程碑式的作品，唤醒了游客心中的"最美乡愁"、激发了游客的文化自信。全县现有演出剧场63个，近1500分钟的演出时长，高峰期单日观剧人次达22万。其中，只有河南·戏剧幻城和建业·华谊兄弟电影小镇入选全国旅游演艺精品名录。

（二）激活消费，变"流量"为"留量"

一是"文旅+夜经济"效益喜人。出台《中牟县夜间文旅消费集聚区培育办法》，培育出河南省夜间文旅消费集聚区3个，在全县范围内打造夜游、夜购、夜品3个夜间消费示范区。推出夜幻城、一路有戏等一大批融合了新技术、新服务、新场景的沉浸式体验类产品，建成普罗市集高品质街区、逛吃公园夜游综合体等新产品、新业态、新场景。只有河南·戏剧幻城和建业电影小镇先后荣获"文化和旅游融合发展十大创新项目""游客喜爱的十大夜间演艺"，其"一路有戏"夜游演艺于2020年4月17日首演后，演出超过1000场，其中夜间入园人数占比超过30%。郑州方特旅游度假区年开放夜场累计达144天，夜场入园游客量高达49万人次，夜场开放占总入园量的23.87%。绿博园的绿博之夜、春节灯展活动等夜游产品，每年吸引近70万游客前来体验。郑州海昌每周末"夜场巡游狂欢派对"，5部鲸奇海洋大戏、6大主题动物场馆、人偶互动、国潮快闪、音乐派对等，演艺精彩不断。只有河南·戏剧幻城景区创新推出"夜幻城"主题活动，绚丽的灯光和精彩的演出一经推出，便成为夜游热点，多次作为全省夜经济亮点登上央视新闻。实现从"流量"向"留量"转变、"门票经济"向"产业经济"转变，有力地促进了文化和旅游消费繁荣。

二是"文旅+乡村"强势赋能。编制《中牟县乡村旅游发展规划》，积极构建以"文化产业特派

特写

大地之丘

员制度"为核心的乡创驱动体系，推动文旅产业赋能乡村振兴。累计打造省级休闲观光园区 5 个、省级生态旅游示范镇 4 个、省级特色乡村旅游特色村 8 个、首批省级乡村康养旅游示范村 2 个，A 级旅游景区村庄 2 个。依托农产品采摘绘就乡村旅游新图景，姚家镇草莓、狼城岗镇北堤村苹果上榜全省"一村一品"示范村镇名单。探索露营新玩法，大地之丘、嗨 KING 野奢等露营基地"一帐难求"。展现乡村本色的示范镇（村），抓住"流量密码"，融吃、住、行、游、购、娱为一体的田园综合体雁鸣湖镇九堡村于 2024 年"五一"节假日期间建成对外开放。扎实推进民宿产业发展，旅游旺季景区周边新月文舍、青山后等特色民宿预订全满，黄河边古村落等良好的生态资源也为游客提供特色鲜明的住宿体验。推出的 10 条精品乡村旅游线路，带动自驾游热潮，推动全域旅游持续提质扩面。

三是"文旅+研学"破题起势。适应研学旅游发展新趋势，围绕研学旅行"聚焦一条线，突破两座城，点亮 N 颗星"工作部署，积极培育黄河文化研学、考古研学、优秀传统文化研学、红色研学等研学旅行产品，盘活存量，激活增量。成立了研学旅行联盟，高标准建成郑州绿博园研学实践教育营地，只有河南·戏剧幻城项目获批 2022 年度内地与港澳文化和旅游交流培育项目。成功培育国家级研学基地 3 个，省级研学基地 2 个，市级研学基地 3 个。开发 30 多个主题 480 余节课程，推出一批研学旅行精品线路。随着研学实践活动不断向纵深发展，更有日本、马来西亚及中国香港、澳门等地学生来中牟开展研学活动，中牟研学旅行品牌效应不断彰显，年接待研学人次超过 100 万，正成为河南省重要的研学旅行目的地。

（三）活动引流，变"景点"为"热点"

紧抓市场规律和时下热点，大力发展节点经济、夜间经济、暑期经济、青年经济，高密度推出多样化文旅消费季、消费月和夜游等主题活动，持续点燃城市热度。高标准举办或承办了世界旅游联盟·城市旅游对话、第七届新旅界文旅上市公司峰会、中国诗歌节、郑开同城化高质量发展研讨会等一系列省级、国家级乃至世界级峰会活动，"中国主题公园第一县"品牌全面叫响。同时强化景区与文化、消费等领域的跨界合作及内容共创，只有河南·戏剧幻城与中国李宁联名举办"中国李宁2021秋冬潮流发布"，打造出了现代潮流生活方式的新体验。与河南省博物院联合举办"麦田里的博物馆"，吸引23万网友线上云游。郑州方特旅游度假区连续两年承接全球文旅创作者大会，《奔跑吧》等户外真人秀节目也在这里录制。强化文旅惠民力度，通过美团和携程集团平台向全社会发放200万元旅游消费券和60万元大学生专属门票消费券等系列繁荣文旅消费政策措施，引导各旅游景区累计推出近30项面向大众的优惠政策和50项主题活动，推动文旅市场实现"开门红 季季红"。"方特中国年""花漾旗袍节""青春入'牟'Happy一夏"等系列文旅文创产品火爆出圈，中牟成为全国青年热门网红打卡地。

三、"三化提升"促进运营升级

（一）多元化宣传，提升知名度

组建文旅宣传专班，传统媒体与新媒体结合、线上与线下共促、政府与企业联动，构建高铁、地铁、机场、报纸、杂志、网络全覆盖宣传矩阵，建成融"台、网、端、微"为一体的全媒体传播体系。去年一年，新华社、中央电视台等中央媒体聚焦中牟120余次。邀请中国旅游研究院院长、文化和旅游部数据中心主任戴斌围绕"旅游度假区的中国风和世界范"做专题辅导，联合国世界旅游大使祝善忠、携程创始人梁建章等70余位中外行业名家为中牟文旅背书发声，董宇辉、小黑诸鸣、意公子等20余位千万粉丝级超头部达人打卡中牟，"青春入'牟'Happy一夏"微博话题连续10天登上全国热搜，浏览量超过10.79亿人次，"中牟文旅"相关话题全网点击20.3亿次，持续圈粉、引流，省外游客占比超过40%。

（二）数字化赋能，提升融合度

大力推进文化资源数字化、文旅景区智能化、文旅场景虚拟化，建成中牟县智慧旅游管理和服务平台，贯通政府端、企业端、消费端、社会端，服务文旅全产业链，实现"一站反馈、一网服务、一屏洞察、一部手机管旅游"，培育文旅数字经济新

特写

建业电影小镇

引擎。"官渡之战"文化 IP 入选"行走河南 读懂中国"元宇宙矩阵,将运用于开发沉浸式体验游戏。电影小镇入选河南省智慧化文旅创新项目。郑州方特是中原地区最大的高科技主题乐园,具备创意、研发、生产、销售等全产业链内容生产能力,拥有自主知识产权的"幻影成像"等技术在这里首秀,《飞越千里江山》等爆款产品在这里全球首发。"海洋文化＋国际 IP"双引擎推动的郑州海昌海洋旅游主题度假区,是中原首个海洋主题大型机甲巡游,由全国最大的机械类海象战队领衔,也是国内唯一360 度 +4D 观影体验的环形全景多维秀场。只有河南·戏剧幻城借助自主研发的智慧数字控制系统,实现了声、光、电、画的高度集成化与智能联动控制,成为讲好河南故事的主阵地,成为首批全国智慧旅游沉浸式体验新空间培育试点。

(三)专业化服务,提升美誉度

县财政持续加大资金投入力度,全力实施"1357"文化旅游强县工程,累计实施重大配套工程项目 181 个,总投资 128.2 亿元。打造"快进慢游"旅游交通网,目前全县每百平方千米景观道路密度 300 千米,路网密度居全省县(市)第 1 位。开通域内公交 7 条旅游路线、6 条假期专线、直达市内旅游专线8条,全力保障地铁8号线等交通同城项目推进,力争在2024年底跨入地铁时代,实现地铁、公交、出租零换乘,彻底解决节假日景点散场后游客滞留的问题。构建"集散中心—中心城区—旅游城镇—旅游景区(点)—服务驿站"为一体的旅游咨询服务体系,持续推进旅游厕所革命,实现旅游道路沿线、城市街区、景区、乡村旅游点全覆盖。建立假日综合服务保障机制,县领导班子统筹调度,聚焦公交服务、交通疏导、餐饮保障、景观美化、环境净化、旅游服务等,全县各部门协同合作,编制假期总体和专项工作方案和应急预案,清单化、方案化、节点化做优保障,全面展现了"中国中牟·幻乐之城"的态度、速度和温度。

中牟火爆出圈的背后,是政府和市场在中牟文旅产业发展过程中**"有形的手"和"无形的手"相得益彰、紧密相握的成果**。政府主动作为,搭台唱戏,企业精心服务,以诚相待,民众热情相邀,志愿服务,积极释放了文旅产业"一业兴、百业旺"的乘数效应,以文旅重点突破带动全县整体提升,共同奏响中牟文旅出圈的美好乐章。2023年全县累计接待游客3080万人次,实现旅游收入151.43亿元,分别同比增长189.37%、155.71%,先后获评首批国家夜间文化和旅游消费集聚区、国家旅游科技示范区、文旅融合发展优秀城市、河南省文化产业发展先进县、河南省乡村旅游示范县、河南省旅游标准化示范县、河南省全域旅游示范区、河南省文化和旅游消费示范县,入选首批国家文化产业和旅游产业融合发展示范区建设单位、河南省文化产业赋能乡村振兴试点县,旅游演艺发展作为全国示范被全国演艺高质量发展座谈会引作典型,并入选2023全国旅游创业创新示范案例、2024年全国旅游目的地高质量发展经典案例等,成为"文旅文创"赋能县域经济高质量发展的全国新范本。

建业电影小镇

作者简介:

丁文霞,河南省郑州市中牟县委书记。

> 特写

打造国际天文科普研学旅游目的地

——"中国天眼"彰显社会主义先进文化的旅游路径

刘孝蓉 莫永言 刘邦和

习近平总书记指出,"没有高度的文化自信,没有文化的繁荣兴盛,就没有中华民族伟大复兴"。文化自信基于多元的文化底蕴,在5000多年文明发展中孕育的中华优秀传统文化,在党和人民伟大斗争中孕育的革命文化和社会主义先进文化,共同构成了中国特色社会主义文化,积淀着中华民族最深层的精神追求,代表着中华民族独特的精神标识。"中国天眼"这项国家重大科技基础设施,是彰显中国精神、代表中国科技力量的大国重器,是社会主义先进文化的典型代表。

中国天眼全景图

一、大国重器"中国天眼"的诞生

1993年,南仁东先生带领的科研团队经过22年的艰苦寻找,最终将"中国天眼"选址确定在贵州省平塘县境内。天眼FAST项目采用我国科学家独创的设计:利用贵州天然的喀斯特漏斗洼地作为台址;在洼地内铺设4450块反射面单元组成500米球冠状主动反射面;采用轻型索拖动机构和并联机器人,实现望远镜接收机的高精度定位。作为世界最大的单口径射电望远镜,"中国天眼"将在未来20~30年保持世界一流设备的地位,使我国形成具有国际先进水平的天文观测与研究平台,为人类开展"暗物质"和"暗能量"本质、宇宙起源和演化、太空生命起源和寻找地外文明等研究活动提供重要支持,开创了建造巨型望远镜的新模式。

2016年9月25日,世界最大球面射电望远镜FAST"中国天眼"落成启用,习近平总书记发来贺信。作为目前世界最大单口径射电望远镜,"中国天眼"实现多项自主创新,推动中国相关学科领域产业技术水平和自主创新能力显著提高。目前,"中国天眼"已进入成果爆发期,发现新脉冲星数量突破900颗,是国际上同时期其他望远镜发现脉冲星总数的3倍以上。

特写

"中国天眼"建成以后,备受世界科学界及各大媒体关注。只要留心,你会发现 CCTV 制作播出的许多公益广告和宣传片上,都会有"中国天眼"的身影;全国《新闻联播》前,贵州省的旅游宣传片里,"中国天眼"也与观众天天见面;"中国天眼之父"南仁东建设天眼的故事,被拍摄成电视剧即将问世;依托"中国天眼",平塘县通州中学老师带领孩子们爱上天文学的故事被拍摄成微电影,登上"中国梦·家国情"2023 年 CCTV 国庆特别节目……每当有科技成果产出,"中国天眼"都会成为《人民日报》、新华社、中央广播电视总台、《光明日报》、美联社、合众国际社、路透社、法新社、英国广播公司、美国有线电视新闻网等国内外主流媒体的焦点。

"中国天眼"这个大山深处的国之重器,它集中体现了中国智慧、中国技术、中国力量、中国精神、中国担当、中国奇迹,彰显了社会主义先进文化,是新时代社会主义物质文明和精神文明成果的综合体现。

二、"中国天眼"创造科普旅游魅力

如何弘扬和传承"中国天眼"这一社会主义先进文化,使"中国天眼"这一品牌对国家、社会产生更大的作用,平塘县做了深入思考,提出**"依托天眼,打造国际天文科普研学旅游目的地"**的区域文化旅游发展战略。并希望借此战略,响应时代声音,带动全域发展。

建设中国天文科普高地。为了更好地服务于"中国天眼"的科研与科普工作,2012 年贵州省人民政府即批复了《500 米口径球面射电望远镜项目贵州省配套设施建设总体规划》,为目的地建设制订了科学的路径。"中国天眼"建成之后,根据该总体规划,按照国家 5A 级旅游景区标准,开始在距离天眼 15 千米的克度镇航龙村建设天文小镇。之所以选择 15 千米的距离,是为了保护"中国天眼"的科学观测环境。

整个天文小镇突出天文科考主题特色,围绕"天文科普教育基地、国际天文文化体验区、地质生态旅游创新示范区、区域性旅游集散中心、国际天文旅游小镇"五大目标,建设融天文科普、宇宙探索、旅游度假、文化交流为一体的国际射电天文旅游目的地。目前已建成的项目包括 FAST 观景台及配套设施、天文体验馆、九号航天宇宙馆、迎宾广场、天文时空塔、游客服务中心、光影馆、南仁东事迹馆、智慧旅游指挥中心、研学旅行讲堂、球幕飞行影院、"中国天眼"迎宾馆、星辰天缘大酒店、霸王河景观带、天文科普带、喀斯特生态公园、智能停车楼等,引进了一批研学旅行企业,为打造"国际天文科普旅游目的地"不断增加要素保障。

创新天文科普融合产品。以天文科普研学旅游为龙头，精心推出"天文科普、地质探秘"等具有地域特色的研学产品；先后引入一批国内知名研学品牌企业到平塘投资新建研学营地，有序推进研学营地项目建设，建成多功能研学旅行综合营地；围绕"中国天眼"开设研学课程，在"中国天眼"环境保护与安全保障前提下，聘请国家天文台专家担任天文研学导师，组建资深天文科普讲解员；与知名企业探索建立合作机制，打造独具特色的天文研学运营团队。

依托南仁东纪念馆推出红色研学线路，推出"天文探秘+地质科考+休闲康养+民俗文化+非遗文化"等多样化研学精品线路，聚焦释放"+旅游""研学+"经济的"乘法"效应，形成"观天探地·世界唯一"研学品牌。先后获得"国家科普示范基地（FAST）""全国科普教育基地""中国科技旅游基地""第一批全国中小学生研学实践教育基地"等称号，逐渐形成了"中国天眼，研学首选"品牌。

依托核心资源带动区域发展。以"中国天眼"为核心吸引物，以天文小镇为依托，结合周边打岱河天坑、天空之桥、掌布景区、甲茶景区等形成旅游线路。通过天文地理系列旅游产品建设，带动一二三产业联动，促进"中国天眼"成为惠及百姓的发动机。

县域内以群众集体为核心，以百姓平台为载体，以一个乡村一个品牌为引领，以特色农副产品和餐饮为核心的农副产品的种植养殖、加工包装和销售产业，推动自主发展，探索出"由三产带二产促一产，立足品牌溢价的多维度产业共融"的发展路径。目前，仅天文小镇及周边宾馆酒店从原来的7家发展到现在的120家，餐馆从原来的9家发展到现在的110家，旅游接待服务能力不断提升，带动周边直接就业3630人，大力推动农副产品的线上线下销售额达亿元。通过文旅融合的路径，带动了"中国天眼"周边的乡村振兴。

三、文旅融合探索中的现实困境

综合效益与世界级品牌尚不匹配。"中国天眼"拥有一流的旅游资源，但还缺乏一流的文旅产品，更没有产生相匹配的产业效益。一是"中国天眼"每年吸引大量的游客前往游览观光，但文旅消费不高。2019年以来，"中国天眼"景区接待游客近百万人次，但因景区景点旅游业态不够丰富，体验性不强，导致引得来人留不住人，过夜游客占比不高，文旅消费偏低。二是"中国天眼"知名度高，但旅游产品体验不足。绝大多数游客只能去看"一口锅"，仅通过工作人员讲解发展历程、参观科普体验馆等了解少量的与天眼有关的工作原理，但整个游览过程互动少，参与感差，体验性弱，导致游客的期望值与实际体验落差大。

市场拓展不充分，产业开发不足。一是客源地市场拓展不足。根据游客来源分析，目前多为贵阳市和周边省份游客，虽成立了多个省外营销中心，但营销效果不明显。二是招商引资项目落地困难，优强企业少，产业链单薄，投资商信心不足，以及部分投资商受到土地利用的限制持等待观望态度，导致项目推进缓慢，市场拓展较为艰难。三是除了天文小镇，旅游产业与周边的其他产业融合不足，综合带动效益不足。

要素保障不齐全，消费动能不足。一是"吃"要素不鲜明。"中国天眼"景区周边特色菜品仅是坛子鱼、牛干巴等，种类较少，地方特色菜尚不成体系。二是"住"要素两极化。"中国天眼"景区有星级酒店，但适合不同客群的经济型酒店、主题客栈、特色民宿较少，难以满足游客多样化住宿需求。三是"行"要素仍有提升空间。景区及依托城市县城没有一条直达州府、省府的高速公路，可进入性仍有待改善。四是"购"要素不丰富。旅游商品市场知名度低，不能满足市场需求，与"中国天眼"有关的文创产品开发不足，仅有少量工艺品，品类单调，缺乏趣味性、科学性和唯一性，难以受到游客青睐。五是"娱"要素不溢彩。景区游乐项目少，缺少针对不同客群的体验项目和夜游项目，过夜游客夜间消费处于空白状态，游客很难留下。

四、"中国天眼"科技赋能文旅的未来之路

在文旅融合与科技赋能的当下，结合新时代新旅游发展需求，如何推动文旅深度融合？如何让旅游真正彰显大国重器的中国精神？平塘是一个经济落后、产业不发达的西部小县，但平塘正在持之以恒地做一些工作，完成时代赋予的使命。

丰富业态，以产品带动产业。借助"中国天眼"的强大IP优势，聚焦国际天文科普旅游带建设，按照标准化、品牌化、国际化发展思路，加大旅游设施配套、促进服务质量提升、强化市场秩序整顿，致力将"一流的资源"变成"一流的产品"，围绕吃、住、行、游、购、娱方面开发旅游产品，培育市场主体，做强文旅相关企业。推动旅游产业与农业、工业、科技、体育的深度融合，充分发挥旅游产业带动性强、乘数效应大、综合效益高的作用，带动当地文化旅游全产业链发展，更好地实现大国重器的社会价值，推动旅游产业高质量发展，打造独具特色的世界级旅游目的地。

聚焦研学，擦亮核心品牌。以打造国际天文科普旅游目的地为目标，着力组建专业化的研学运营团队。以天文科教游学为主导，与周边景点融合，

按照"天眼科普＋天文探秘＋楷模精神＋地质探秘＋民俗体验＋非遗传承＋工匠精神＋创意实践＋团队合作"等研学模式，推出不同时长的观天探地研学旅游精品线路。围绕"天文科普＋"，推出与周边景区景点进行深度融合开发的研学课程、研学线路、研学基地，培育研学师资，不断完善配套服务，满足不同研学团队多层次需求，将打造重体验感、强科技感的独具特色的天文科普旅游产品作为第一要务，提升"观天探地·世界唯一"旅游品牌的知名度和吸引力。

体旅融合——天眼骑行运动

瞄准市场，区域综合发展。平塘县拥有优质的生态资源与自然景观，但工农业基础薄弱，境内大部分国土面积处于各类保护区范围内，产业发展受到一定的制约，需要全域践行"绿水青山就是金山银山"的理念，从生态上找出路，从科技上做文章。在新媒体赋能文旅产业发展的背景下，每一个小众旅游目的地都有出圈的机会，正是平塘发展的良好机遇。未来，将利用大数据全面分析细分市场，开展精准营销，加大宣传，塑造品牌，并与荔波漳江风景名胜区、黄果树景区、西江千户苗寨等形成线路连接，以产品提质升级为基础，以特色住宿产品与新业态为抓手，推动以"中国天眼"为支撑的平塘旅游从"过境地"向"目的地"转变，以文旅产业赋能全县产业升级，赋能乡村振兴，带动县域经济的全面发展。

感谢中共黔南州委宣传部、黔南州文化广电和旅游局（州体育局）对本篇文章创作的鼎力支持。

作者简介：

刘孝蓉，副教授，任职于文化和旅游部旅游质量监督管理所。
莫永言，贵州省平塘县委宣传部部长。
刘邦和，贵州省平塘县文化广电和旅游局干部。

围绕影视产业是影视城的根本
——高炽海对话象山影视城陈建瑜

对话时间：2024年6月8日
对 话 人：高炽海
　　　　　陈建瑜

高炽海：先简单地说一下象山影视城的缘起吧，最初是怎么建在这里的呢？

陈建瑜：最早的缘起是张纪中导演和《神雕侠侣》。当时张纪中导演希望找一个山清水秀、空气好、环境比较优美的地方拍摄《神雕侠侣》。他们先是来到杭州，后来又机缘巧合被介绍到象山。象山领导安排他看了几个地方，一个是在象山县城附近的城乡接合部，另一个就是新桥镇。张纪中导演担心随着城市的发展，城乡接合部那里可能风貌不能长久，而新桥镇背靠灵岩山，他觉得有仙气。新桥镇那个时候高速和象山港大桥都没有通，是象山交通最偏僻的地方，而象山是宁波交通最偏僻的地方。当时这里周边没有一座现代的建筑，也没有一根电线杆，非常适合他拍古装剧。因此张纪中导演就确定在这里拍，这就是缘起。

高炽海：一开始的体制是怎样的？据我了解管委会这个体制是后面才有的。

陈建瑜：体制上有几次反复。

2003年，政府感到投资有压力，就引入象山在上海的一家上市公司龙元建设集团（以下简称龙元），由它负责投资。我们实际上是2003年启动，2004年建成，2005年开放。开放以后，龙元是做建筑的，没办法运营，仍然委托政府来运营，所以政府就专门成立了"象山滨海影视城开发有限公司"来负责运营，是旅游局下面的一家国资公司，一直运营到2008年。那些年，我们每年要交给龙元600万元，龙元总共投资是一亿两千万元。

但是那时整个园区的总收入是每年 500 万元，交给龙元 600 万元，还不算运营成本。

在这样举步维艰的情况下运营到 2008 年。那年，政府觉得影视城的场景还不够丰富，又邀请了陈凯歌导演来拍《赵氏孤儿》，这需要在原有襄阳城的基础上再做春秋战国城。政府希望投资方龙元追加投资，龙元也愿意追加，但是租费要增加。从投资方的角度，无可厚非，但政府每年都在亏，政府觉得也有压力。政府意识到当时的体制有问题。

县委县政府当年高度统一思想，觉得我们象山本身是一个资源小县，我们要发展旅游产业，要发展影视产业，所以下了大决心，一方面，政府从龙元手中将影视城回购回来了，另一方面，在 2010 年 12 月，专门成立了宁波影视文化产业区管委会，专门抓影视产业。

高炽海：那就是说到 2010 年才变成以管委会为主导？

陈建瑜：对。

高炽海：国有企业还是原来那家公司吗？

陈建瑜：我们后来把那家公司改名，变成"象山影视城开发有限公司"。

高炽海：这家企业是影视城的投资和运营主体？政府从龙元回购也是通过这家公司操作？

陈建瑜：是的，按政企分开规范运作的。

高炽海：那就是说后来一直是管委会加上象山影视城开发有限公司这个体制。在这个体制中，二者各自的职能是什么？关系是什么？

陈建瑜：管委会成立以后，我是从规划局局长的任上调过来负责操盘的。在县委县政府的领导和各个部门的大力支持下，**管委会当初就不是一个领导者而是运作者，实际上象山影视城开发有限公司和管委会是两块牌子、一套班子**。

高炽海：那你还兼这个公司的董事长？

陈建瑜：当初，我的角色类似于董事长。但因为体制的限制，政府的行政领导是不能够兼职企业职务的，后来在运作过程中，是管委会副主任去负责影视城，实际上类似于总经理。

机构的分工上，就是管委会负责政策处理、项目建设，企业负责景区的管理和招商引剧。逐渐做大了以后，管委会就有规划工程科、办公室、产业科等，产业科专门负责引进影视企业落户到象山，专门研究出台相关的奖励政策。同时影视城公司也逐渐发展，下面专门配了两位负责人，一个分管剧组对接服务，另一个负责旅游运营。

高炽海： 投资决策怎么做呢？

陈建瑜： 投资决策由管委会负责。

高炽海： 管委会负责做投资决策，象山影视城开发有限公司做投资的执行；规划部分是在管委会完成，建设在象山影视城开发有限公司完成；产业引进由管委会负责，产业的服务运营由象山影视城开发有限公司完成。基本上是这样一个逻辑吧？

国内有很多影视城，大家是不是都是这样的体制？还是说有很大的不同？

陈建瑜： 最初做影视城的时候，全国的影视基地我们基本上都看了。中国最初号称有十大影视

象山影视城唐城剧组拍摄现场

城，横店的无疑是最大的。还有中国的第一个影视城无锡三国城水浒城，还有焦作影视城、上海电影乐园、宁夏西部影城。有国营的也有民营的，但都是企业化的。

性价比最高的实际上是西部影城。当初，张贤亮花了 73 万元，从政府手上把项目转制过来。他提出的口号就是"出售荒凉"，不新增投入，把原来的置景留下来做旅游。所以它的性价比最高。无锡虽然是央视的，是国企，但它也是企业化经营。

但我们实际上都是政府的公务人员，虽然下面有公司，但是实际上是政府操作。两块牌子中，核心是管委会，一套班子，主体是管委会的班子。

高炽海：与其他影视城相比，你们这套体制有什么有利的地方，有什么不利的地方？

陈建瑜：我们的**决策成本最小**。因为管委会既代表政府，又代表企业。我们可以代表政府出台相关的政策，又可以进行企业化运作。民营企业是没办法去代替政府职能的。所以我们的效率是最高的，决策成本是最低的。

高炽海：这个可以理解，但是有什么不好的地方？

陈建瑜：这套体制放在初创阶段是行之有效的，而且象山影视城能够成为中国的影视基地的龙头之一，也证明这一套体制是行之有效的。但影视城已经发展起来了，就**需要对它进行改造，要真正让它企业化运转、市场化运营，而不是政企不分**。这也是象山政府现在在探讨和研究的核心问题。

高炽海：象山影视城走到今天，已经意识到可能需要再一次的改革。改革的方向可能就是以企业运作为主体。企业化运转、市场化运营，你觉得会有什么好处？是在产业的发展上，还是利用资本的力量上，或者是别的什么？

陈建瑜：**无论是在产业的发展上，还是在资本的引入方面，政企不分都是问题。没有真正的市场主体，就没办法进一步做大做强**。比如如果现在要引入战略投资者，肯定不行。如果要整合国内的一些优质资源，跳出象山，把这个产业进一步做大，把象山的成功模式在全国范围去拓展，去托管和兼并其他能跟象山影视城资源进行互补的基地，现有的政企不分的模式就会产生问题。

高炽海：从 2010 年到现在，象山影视城的收入状况发生了很大的变化。之前一年 500 万元的收

入，到后来最多的一年达到 1.4 亿元。

陈建瑜：到 2019 年是 1.4 亿元。

2010 年 12 月管委会成立，具体接手运营。从 2011 年开始，基本上实现了每年游客量和门票收入翻一番，拍摄剧组的数量也是呈几何级数增长的。到 2019 年底达到了高峰，当年门票经营性收入是 1.4 亿元，游客量达到了将近 300 万人次，整个产业区总营收达到了将近 100 亿元，落户的影视公司加工作室达到了将近 5000 家，实现税收超过 4 亿元。这都是实实在在的数据。

高炽海：整个影视产业区营收达到 100 亿元，这 100 亿元怎么构成呢？

陈建瑜：我们这里有落户的 5000 家影视公司加工作室，主体是他们实现的营收。

高炽海：影视产业区其他的效益呢？

陈建瑜：带动了周边的老百姓致富。这里从原来没有一张床位到将近 1 万张民宿的床位，周边的黄公岙村，将近一半的老百姓都开民宿、开超市、房屋出租、开洗车店、开早餐店。

现在长假小长假，这里一天的游客量比他们原来一年走亲访客的所有人数总和还多。村民们卖炒面、卖茶叶蛋、卖烤土豆，长假小长假一天的营收可能是十年前一年的营收。

高炽海：你们接待的剧组的数量，在全国影视

象山影视城唐宋奇妙夜夜游

特写

城中处于什么样的地位?

陈建瑜：全国的影视城，一年接待上百个剧组的，大概除了横店就是象山。

引进《神雕侠侣》和《赵氏孤儿》之后那些年，一年接待剧组的数量没有上过两位数，一年就三五部戏。我们那时想的是能否做到每一个季度都有剧组，后来每一个季度有剧组了，我们又在想能否做到每个月都有剧组。后来不断提出新目标，能否做到每一周都有剧组，能否做到每天都有剧组，现在都实现了。去年一年接待360多个剧组。而且，每一个剧组不是在这里拍一天的，短的得拍半个月到一个月，长的可能拍三到六个月。

所以最多的一天，我们可能接待10~20个剧组同时开拍。因此一大波头部的热播剧就出自象山，像《琅琊榜》《芈月传》《三生三世十里桃花》《长安十二时辰》《庆余年》《大明风华》《与凤行》等。

高炽海：前面说了影视产业区的收入，那么你们象山影视城开发有限公司的收入是由哪几个方面构成的？

象山影视城神雕侠侣城

陈建瑜： 主要还是旅游收入，旅游里面主要是门票。另外还有商业租赁，主要是影视城的场地出租、摄影棚出租。

高炽海： 场地和摄影棚的出租，这些部分的收入比旅游收入多还是少呢？

陈建瑜： 那肯定是比旅游要少，全国的影视基地现在应该有上百家，内卷还是比较厉害的。各个地方都出台相关的奖励政策吸引剧组来自己的影视城进行拍摄，比如横店提出的是免场租。我们仍然收一定的场租，是为了保证服务质量。

但是，剧组拍摄是影视城的基础。通过剧组的戏，提升了景区知名度，带来了景区的游客和门票收入。最初我们一年门票收入不到500万元的时候，我们提出要改变这个局面，我就要求哪怕把门票送出去，也要把游客拉进来。但那时把门票送出去都没人要，因为这个景区对大家来说缺乏吸引力。所以**后来我们就提出了象山影视城发展的目标定位是回归影视、围绕影视，通过大力发展影视产业，把这里打造成为一个真正的工业化的电影片场和电影工厂，才是我们的突破口。**

高炽海： 这个很重要，**你们确定了一个战略思想，明确提出以影视产业为本，而旅游业等是影视产业之后的衍生或者是辅助。**国内其他影视城也是这么看问题的吗？作为一个影视城，究竟是以影视产业为核心，还是影视和旅游二者并重，或者以旅游为主体？

陈建瑜： 国内绝大多数的影视城不是这种理念。**从我国影视城的发展历史看，基因里就缺乏这个东西。**中国第一个影视城是无锡的三国城水浒城，实际上最早是拍了《西游记》，把《西游记》的服装和道具做展览，尝到了甜头，然后就又造了三国城和水浒城，目的就是做旅游。横店学无锡，全国学横店，横店提出的口号就是"影视为表，旅游为里"。

我先后考察了美国好莱坞、印度的宝莱坞和托莱坞、英国的BBC和松林制片厂，中国未来要建设电影强国，中国的电影就需要工业化。**电影要工业化，基地就必须要工厂化和片场化，否则无法支撑起电影工业化。**所以我们这个影视城另辟蹊径，提出了"围绕影视、回归影视"。同时，我们在打造影视基地时，就**围绕工厂化、数字化、智能化、国际化、资产的证券化这五化来工作。**

高炽海： 在我看来，旅游是因为人们想去体验另一个地方的人们的生活方式而衍生出来的，生活方式是包含生产方式的。

比如很多人去台北旅游的时候会去松山文创

园、华山1914文创园区，去高雄时会去驳二艺术特区。大家之所以愿意去逛这几个文创园，很重要的一个原因是文创产业本身做得好，让人们想去看一下，然后才衍生出了各种旅游服务。但是这件事情一定不能倒过来，如果建好莱坞之时重心就是为了发展旅游，那好莱坞就不会有影视产业的地方，也就不会有对游客的吸引力。

所以你们提出这一战略是一条正确的路，它使这个地方具备长期的生命力。**园区本身的产业在它本身的赛道上持续地发展，同时创造出了旅游性，而不是倒过来。**

你提出这个战略和五化后，象山影视城在工厂化、片场化方面做了哪些工作？

陈建瑜：随着这个战略的提出，我们做了中国最专业化的第一个水下摄影棚，又和"时光坐标"合作，做了中国第一个数字摄影棚，现在又升级做LED的虚拟摄影棚。要实现电影基地的工厂化、片场化，摄影就需要车间化，所以我们这里摄影棚总量最多达到了35万平方米，当时是中国摄影棚数量最多的地方。

除了摄影棚，我们还引进国内的道具、服装公司、灯光器械公司，这个门口就有一家，叫星光灿烂道具库。

而且，我们原来只做古装类，现在还做"706影视双创园区"，做了大量现代的场景提供给现代剧、微短剧。我们正在申报国家级的"中国象山大视听产业园"，把从电影电视剧到现在的微短剧、都市剧都囊括进去。

高炽海：现在一年有300多个剧组在这里拍摄，你们是怎么吸引剧组来这里的呢？主要是因为税收优惠，还是设施设备是国内最好的，还是说靠一体化的服务，或者是别的什么原因？

陈建瑜：这个问题提得很好。我们当初专门**提出"最大限度满足剧组需求"的理念**。剧组在这里拍摄，只要有需求，哪怕不是拍摄的问题，而是生活的问题，我们都要去帮助解决。比如演员生病了，我们会陪着跟医院做对接。

但首先要解决怎么让剧组来象山这件事。我们一开始接盘时谁都没做过这一行，不知道到哪里去找剧组。一方面，去横店拉，用差异化的场景作为吸引。另一方面，知道影视工作者基本上都在北京，所以我们就跑北京，通过亲戚、朋友接触到一些制片人、导演或美术，还要花很大力气给大家介绍象山影视城在哪儿。就是这样一步步地去做推介。

后来我们知道了春推会、秋推会、北京电影节、上海电影节，我们都去参加。直到我们去参加了香港国际电影节。现在我们可以自豪地说，"谁要不知道象山影视城，要么他是刚入行，要么他不是做影视的"。

高炽海： 但这只是接触的渠道，怎么说服剧组呢？

陈建瑜： 这段时间在看诺贝尔经济学奖获得者科斯的文章，他讲了一个经济活动的独特性，讲了交易费用。那我们的独特性是什么？我们的空气，这里的负氧离子含量高，号称天然氧吧；我们的海鲜，我们的滨海资源，这是全国其他影视基地所没有的；还有我们保姆式的服务，剧组至上，我们甘当"店小二"。

但是万变不离其宗，在商言商，如果其他地方也有这些而且成本比你低，他怎么会到你这里来？所以，虽然我们收取一定的场租费，但是**我们要做到在这里拍摄的综合成本是全国最低的。**我们大力发展当地的民宿，带动周边老百姓致富，让影视产业真正成为富民的产业，同时又降低了剧组的住宿成本。这里的民宿可以做到四五十元一个房间，在全国其他任何影视基地都是做不到的。一个大剧组，三五百甚至上千人，在这里拍三个月到六个月，住宿成本得多大。服化道、场景、美术和演员的成本大同小异，吃饭也差不多，剧组最大的成本就是住宿。

同时我们不断与剧组、影视公司合作，我们提供土地和补贴，他们来制景，这也给剧组提供了创新的动力。

高炽海： 我大概明白了。这个产业和每个剧组所需要的，有技术需要，也有生活需要。你们把综合的设施环境和综合的服务做好，便利化，这就在后发状况下建立起了竞争力。

所以，**影视城的本质是影视的服务业。**一旦有服务业的认识，服务就是件面对人的事，要从人的各种需求去思考问题、解决问题，吸引剧组的难题就被破解了。

高炽海： 你们提出的**围绕影视产业的战略，还有两个作用，一是品牌作用，二是场景的作用。**拍那么多剧，本身就是很好的广告，也给你们留下了丰富的场景。

影视城这个形态，国外是没有的，是中国特色的东西，你们是怎么做好旅游体验感的？

陈建瑜：当初《四大名捕》在这里拍摄，就在我们的襄阳城，我印象很深刻。这个剧所需要的完整的生活场景布置好了，还没开机，有些游客进来了，很兴奋，驻足拍照，这给了我一个启发：生活化的场景是受游客欢迎的，这是游客的需求，而一个没有生活气息的仿古建筑、物理空间，对游客是没有吸引力的。我们后来在做旅游的过程中就提出**"场景生活化"的理念**。

为什么原来把门票送出去都没人要呢？因为这个影视城就是一所新造的空房子，不是历史建筑，既没有人文故事，也没有城市的生活化的场景，大家觉得没看头。所以我们就提出了**"场景生活化，生活娱乐化"**，还不是简单的生活化。娱乐化是我们增加了演艺，专门从河南的清明上河园引进了我们的第一个演出团队在街头进行表演，提升游客的旅游满意度和愉悦感。游客量提升后，

象山影视城实景特技秀《和平精英》

我们又做了能够容纳上千人的演艺秀场，节目最早叫《速度与激情》，现在改名叫《和平精英》，是一个大型的沉浸式的飞车表演。在这个基础上，我们又提出"日日有活动，月月有节庆，季季有高潮"。

后来我们又发现一些穿着剧中服装的群众演员非常吸引游客，所以我们又提出**"旅游要互动化"**，要有NPC，要有些Cosplay，扮演剧组当中的一些人物跟游客进行互动，这也是一种长期的生活化。这实际上是"活"的道具，我们场景生活化布置的是一些"死"的道具，再加上这些人就"活"起来了。

高炽海： 你觉得象山影视城如果要做旅游产品或者旅游产业的更新换代，应该做什么？

陈建瑜： 我觉得还是要从需求，从游客的喜好出发。时代在发展，游客的喜好也在变化。影视城开始是在一个短缺经济的时代，很多老百姓没钱去北京，所以到横店明清宫苑去看看承天门他们也很满足。但是现在老百姓的生活水平提高了，如果还只是一座仿古的建筑，对游客来说就缺乏吸引力了。所以在这个基础上我们提出建设一个**"实景化的主题乐园"**，这个实景化就是影视场景，主题乐园就是沉浸式体验，有大量的NPC跟游客进行互动，这样的景区有温度和热度。

高炽海：现在是美和互动的时代。 旅游的第一要义似乎是拍照漂亮，第二要义似乎是要有很强的互动性。比如说大唐不夜城的不倒翁小姐姐和盛唐密盒那样的互动，比如普德赋在上海做了一个光明之城，代表了沉浸式演艺的互动。

陈建瑜： 包括最早上海引进的《不眠之夜》，都类似这个玩法。总的来讲，今后一个景区要有生命力，肯定要有文化，而且这个文化要有独特性。**独特性是项目的核心性质**。

作者简介：
高炽海，《中国旅游评论》联合主编。
陈建瑜，宁波影视文化产业区管委会原主任，中国电影家协会影视基地工作委员会副会长。

数字科技赋能文旅融合创新的场景路径与行业建议

——以对腾讯实践的观察为例

何琼峰 武艺

"积极推进文化和旅游深度融合发展"是习近平总书记提出的重要要求。伴随着数字科技的加速发展和迭代更新，数字经济正成为产业升级与企业创新的关键驱动力。数字科技作为新质生产力的代表，对文旅发展的影响越来越广泛和深刻，是文旅深度融合的关键技术支撑和重要赋能方式。大型数字科技企业是数字前沿技术的重要创新力量，能有效带动产业链创新并且可以全链赋能。本文深入观察了中国数字科技最重要的企业之一腾讯赋能文旅融合的底层逻辑和创新场景，对于用好文旅领域前沿技术加快文旅行业数智化发展提出了一些启示性的思考。

一、数字科技为推动文旅深度融合注入新动能

数字经济是我国发展新质生产力的主战场。1994 年，NCFC 工程（中国国家计算与网络设施）国际专线开通，实现了与互联网的全功能连接。党的十八大以来，以习近平同志为核心的党中央将发展数字经济上升为国家战略。我国全功能接入互联网 30 年以来，特别是党的十八大以来，中国已发展成为全球最大的互联网市场（2023 年底，我国网民规模达 10.92 亿人，位居全球第一），建成全球规模最大、技术领先的网络基础设施，数字经济规模全球第二（2022 年，我国数字经济规模 50.2 万亿元，占国内生产总值 41.5%）。我国拥有海量数据和丰富应用场景优势，新质生产力的提出预示着一场新的生产力变革将强势到来，数字科技将成为引领新一轮科技革命和产业变革的关键力量。

数字科技是文旅深度融合的关键技术支撑和重要赋能方式。过去 20 余年，携程、艺龙、同程、去哪儿、途牛、驴妈妈等在线旅游及相关企业诞生，百度、阿里、腾讯、京东、美团、电信、联通等企业相继跨界进入旅游领域，数字创新已成为旅游经济增长的重要因素之一。近年来，动漫游戏、网络文学、网络音乐、网络视频等越来越多的数字文化产品走进日常生活，数字文旅发展已经具有相当的产业基础和社会共识。现阶段，数字化服务商大多缺乏对文旅行业生产方式及隐性知识的深度洞察，多数文旅企业科技转化能力弱，也难以主动地将自身长期发展形成的内容创意、生产工艺、服务流程等与新一代技术深度融合。文旅产业大量资源尚未有效转化为数据生产要素，文旅产品、场景和治理的数字化仍在路上，数字科技对旅游产业模式创新和效率提升还有非常广阔的空间。

二、数字科技企业赋能文旅融合的底层逻辑——技术、内容、产品

领先的技术能力和持续的研发投入。近10年来，我国下一代互联网关键技术申请量约占全球总数的40%，年均专利申请量增长率为全球增长率的两倍以上，腾讯等企业已处于全球领先地位。腾讯在更高性价比的自研硬件、稳定可靠的云基础能力、分布式数据库与大数据系统、低时延的音视频技术、不同行业的自然语言处理与计算机视觉应用等技术领域持续加大投入，即便在营收与利润的低谷期，仍逆势增加研发投入。截至2023年，腾讯已成为全球开源贡献最大的科技公司之一，音视频通信PaaS平台已进入全球顶级序列，AI领域中国专利申请总量位于国内互联网公司第一，是算力最强和日实时计算量最大的国内公司，拥有全链路自研、万亿参数规模的腾讯混元大模型。

数字文化加速布局、内容IP传播广泛。早在成立之初的2011年，腾讯首次提出泛娱乐概念并先后布局游戏、动漫、网文、影视、电竞、音乐业务板块。2014年，开启腾讯游戏、腾讯文学、腾讯动漫等在内的互动娱乐业务平台。2017年，将"文化"与"科技"列为腾讯企业战略关键词。2018年，腾讯数字内容从"泛娱乐"向"新文创"升级，成为链接C端、B端与G端的内容输出端。2023年，受短视频冲击、数字内容广告载体和流量入口功能减弱等影响，腾讯数字内容回归到"精品内容"。截至目前，尽管文化板块利润率远不能和其社交产品相比，腾讯已不断构建一套闭环的数字内容产业链条和一批网络文学、影视、动漫、音乐、电竞、游戏等数字文化IP，今年以来也得到资本市场的积极反馈。

高度重视用户需求，加快产品迭代能力。"只有老老实实做好内容和产品，才能吸引用户"。人性对工具的要求就是清晰、简单、自然和好用，腾讯是一家产品公司，用户需求和体验一直是重中之重。1998年，腾讯成立之初的盈利之路并不明朗，次年推出QQ即时通信软件，通过11年时间同时在线用户数突破1亿人次。在互联网从PC端向移动端迁移的浪潮中，2011年，腾讯加大创新研发并推出微信社交产品，目前全球拥有13亿月活跃用户。2018年探索推进产业互联网战略，近年来，主动放弃一些转售占比高、定制程度高等人力密集型高风险、低回报的大包大揽项目，聚焦做好不同业务场景领域的多模态技术融合和自研产品的技术提供。

三、数字科技赋能文旅融合的创新场景和若干路径

1. 守正创新：数字科技助力传统文化传承和文物保护

前沿数字科技在文博场馆创新应用，为数字文保和传承提供了新的思路和解法。文博场馆数字化已提出多年，受制于资金、人才、技术等影响，多数产品还是局限在图片、全景和三维模型的简单采集和展示层面，文化创意与技术结合效率、效果和市场化程度也较低，无法形成有吸引力的数字体验和广泛的公众参与。**以数字技术打造历史文化产品并不好做，在设计过程中需要打磨很多细节，在开发过程中需要反复推敲、仔细求证、结合大量史料做复原。**腾讯与众多文博场馆深度合作，积极探索并积累了文化遗产的数字化采集、AI修复、价值挖掘及内涵萃取、智慧管理、活化利用等方面的产品及技术应用，"数字长城"裸眼3D全息投影展陈、三星堆智慧博物馆、"寻境敦煌——数字敦煌沉浸展"等可移动、可触摸、可互动产

数字藏经洞介绍

观察

品更多地进入消费者视野。

腾讯与故宫博物院联合创新实验室应用数字孪生、虚拟演播、云音视频创作等下一代互联网技术，加速文物数字资源采集、加工、展示的全流程智能化管理，减少文物数字化全流程所需要的时间，助力故宫提升百万件文物数字化采集的利用质量和流程效率。**腾讯与敦煌研究院**联合打造了超时空参与式博物馆"数字藏经洞"，运用游戏科技将四个朝代、八个历史人物故事浓缩在了沉浸式体验环节中，打造了6500余份高清数字资源档案的开放共享素材库，多语言国际版"数字藏经洞"更是在全球文明交流互鉴中的重要的探索性一步。**腾讯协同中国文物保护基金会"数字长城"项目**，通过手机实现在线"爬长城"和"修长城"，体验清理、考古、砌筑、勾缝、砖墙剔补和支护加固等修缮过程，实现最大规模文化遗产毫米级高精度、沉浸交互式的数字还原。**腾讯与四川省文物考古研究院**研发出AI辅助考古研究与文物修复的几何分析、变形检测和补全算法，将三星堆2021年三号坑出土的铜顶尊跪坐人像、1986年二号坑出土的铜尊口沿及2022年八号坑出土的铜神兽"跨坑拼接"形成三星堆博物馆"铜兽驮跪坐人顶尊铜像"。

2. 提质增效：数字科技加速文旅产品的数字化创新供给

文旅产业不断解锁数字化文旅消费新场景。随着文旅融合推进、文旅产业升级发展要求，文旅产品的数字化创新供给、新模式构建及产业重塑也提出更多需求。先进的数字科技与文旅行业更有效地融合，能够解决行业存在的痛点并服务真实场景，更好助力行业适应新需求、新发展。腾讯新文创、腾讯文旅、腾讯云已与云南、海南、四川、上海、杭州、洛阳、张家口等多省市的政府或企业合作，涉及智慧旅游、文旅产业运营等多领域。

对于旅游目的地，腾讯游戏已逐步探索乐园、景区、实景娱乐空间、酒店、零售等多种实体场景合作的形式，《王者荣耀》携手南昌滕王阁联手打造"弈星·滕王阁序"主题皮肤和夜游滕王阁游戏主题数字体验内容，《天涯明月刀》搭建国漫游戏主题景区、福建永定土楼沉浸式体验，都是游戏IP落地线下场景的

《王者荣耀》与滕王阁合作

福建永定土楼

生动实践。**对于景区来讲**，大量数据散落在景区导游的讲解词中和历史文化书籍里，大量故事流传于民间，数字人可以成为山水和文物背后的超级大脑，如南京大报恩寺 AR 元宇宙、故宫腾讯沉浸式数字体验展、敦煌莫高窟官方虚拟人"伽瑶"等，打通了线上和线下，实现了文化讲解、展厅导览或科普互动等价值和功能。

3.融合发展：数字科技提升文旅技术研发和人才建设

文旅行业数字化需求旺盛，创新技术亟须从试点性跑通向规模化发展。文旅行业生产资源分散、生产流程长、产业链上下游又较为松散，产业资源整合、对客服务创新、企业经营管理、行业综合治理各领域都有大量数字化需求。近年来，大型文博场馆、旅游景点和目的地的数字化玩法创新颇多，技术与场景需求难以精准匹配，技术应用和解决方案规模化、市场化效果有限，许多中小型城市、文博场馆、旅游景点的文化领域数字化的资金投入和数字化能力有限。旅游产业互联网演化更需要普及到中小型企业等广大用户，腾讯加大对数字文旅的资金、技术、资源扶持与孵化，尝试推广科技赋能文化领域的关键共性技术，辅助解决行业发展痛点。

腾讯发起面向人工智能、数字孪生、沉浸式感知交互的"探元计划"，推动"中华文化＋科技创新"多方共创、融合发展的探索性项目，通过投入千万级资金、核心技术团队和开放部分技术能力，推动若干"文化＋科技"解决方案的共创落地。**腾讯发起"中小博物馆数字助力繁星计划"**，聚焦中小博物馆数字化建设议题和一批中小博物馆，从数字化平台能力建设、博物馆打造视频号、专项数字化能力培训和博物馆文创 IP 开发拓展中小博物馆创新发展与数字化传播方式。**腾讯发起 Mini 鹅创想营系列项目助力科技少年弘扬传统文化**，引导科技少年用互联网数字化技术为文旅产业输出解决方案，完成产品策划、视频创作、IP 设计、功能游戏策划等多元领域的科技作品，助力青少年用小而美的创意实现更大的社会价值与科技影响力，成为中华优秀传统文化传承发展的互联网人才。

博物馆文创 IP 开发

四、行业工作建议

加大文旅资源数据资产建设和顶层设计。习近平总书记指出，加强基础研究是科技自立自强的必然要求。历史上几次工业革命及如今的信息通信革命，都是因基础研究的突破而发生。**要将文旅资源的数据采集、加工、挖掘与数据库建设纳入长期性、系统性工作，** 加强更多维度、更广覆盖、更大体量、更优质量、更细颗粒的数据及其治理应用，真正做到底数清、情况明。要围绕消费互联网向产业互联网发展转型，立足人民群众文旅需求和文旅行业痛点，**加强数字文旅的顶层设计和功能定位，减少数字文旅建设无序扩张和闲置浪费风险。**

加大数字文旅关键共性技术研发和产业生态建设。文旅数字化创新的本质是价值化和去边界化，重点在于技术集成和场景应用。要用好先进数字企业在文旅领域的创新经验，**加快文旅行业算法、模型和平台的标准化、规模化建设**。要通过共性技术研发和开放体系建设不断提高价值和降低成本，**加大科技赋能文旅的"研发＋制作＋内容＋应用"创新链建设**。要从技术和产品层面向生态和系统层面转化，在保证价值的基础上实现文化的推广与传播，吸引更年轻、更广泛的受众，**重点是关注创造消费新场景、提升文旅体验质量的数实融合模式**。

提升文旅从业者科技素养和数字内容生产能力。数字赋能文旅已经进入了创新发展的新阶段，兼具深厚文化视野、旅游专业能力和数字科技素养的跨界复合型人才需求和缺口较大。要加快旅游行业从业者数字化转型，推动更多数字原生代创作者和从业者与旅游景区度假区、旅行服务等领域合作。数字文旅是用鲜活的细节来表达文化内涵和丰富旅游体验，要鼓励文旅科技人才加大数字化技术加工、二次内容创意，真正实现数字文旅资源的资产化、流通交易等市场价值。

作者简介：

何琼峰，博士，中国旅游研究院（文化和旅游部数据中心）统计调查所所长。
武艺，北京师范大学博士。

创造者与前行者（2024第二辑）

你们在创造中前行，
在前行中创造。
你们在泥泞中挣扎，
不断失败，
你们在阳光下流泪，
在星空下再出发。
你们走到了无人的领地，
你们看见了无人见过的花。
你们在荒野
写下了新的文字，
你们说：
这是中国新的一天。

——致敬中国旅游业的创造者与前行者

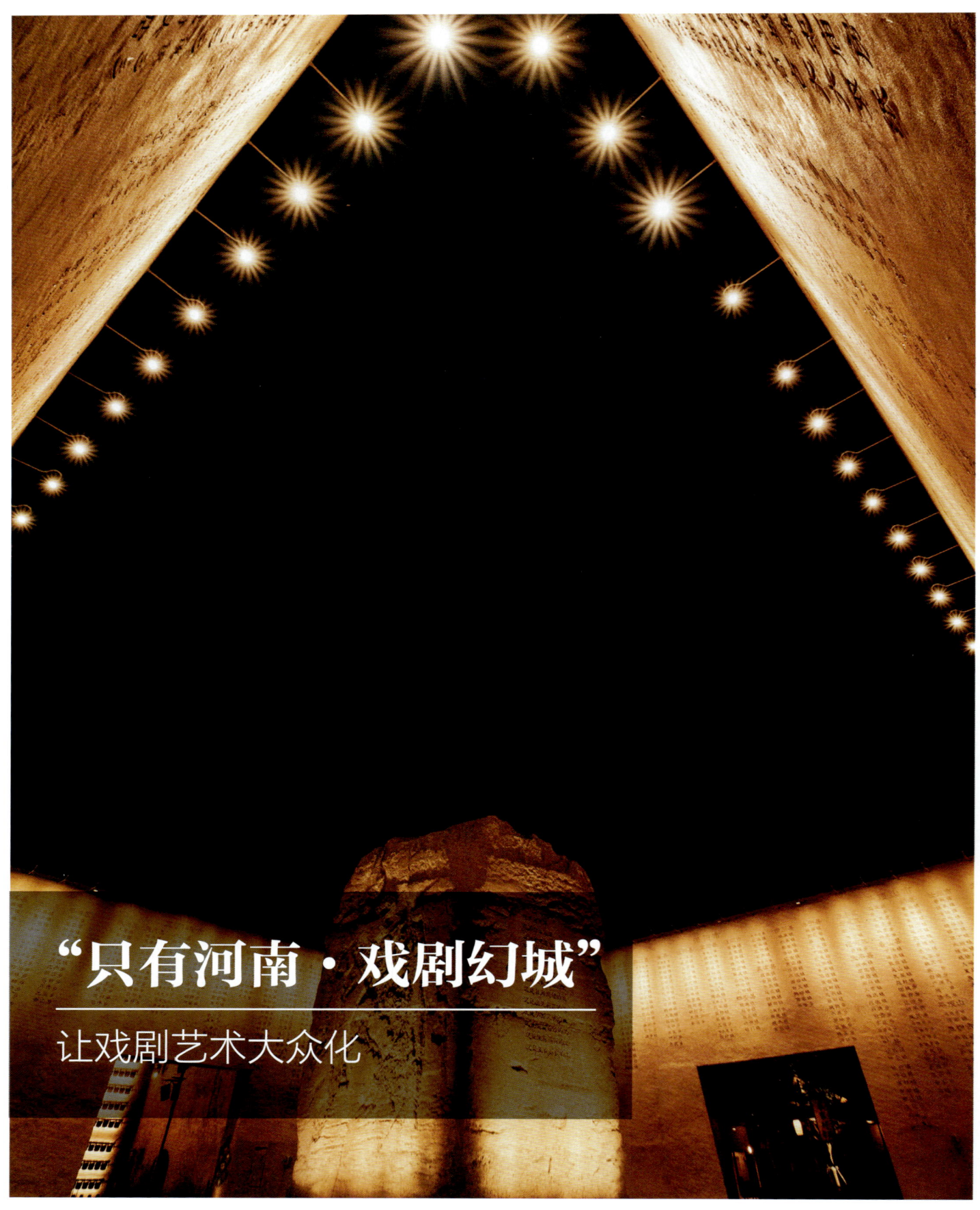

"只有河南·戏剧幻城"
让戏剧艺术大众化

泉州簪花围

穿扮点亮非遗

金东数创"奇幻海世界"

创造数字海洋

长征国家文化公园吉安段

再唱《十送红军》

河南中牟

幻乐之城

贵州平塘"中国天眼"

天文科普目的地

象山影视城

影视产业才是本